逆説の生き方

外山滋比古

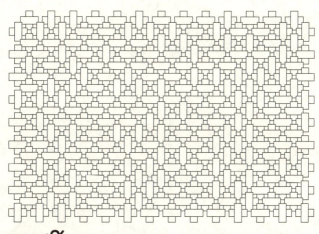

講談社+α文庫
プラスアルファ

まえがき

かつてあるとき、若い人から自分ほど不幸なものはいないといった泣きごとをならべた手紙をもらった。返事を書きあぐねて、いったい、幸福とはなにか、どういうのが不幸なのか、と考えていて、だんだんわからなくなった。そして、幸福も不幸も実体があるのではなく、思い込みの一種ではないかと考えるようになった。

私は入学試験を三度受けて二度落ちた。この世には受ける片端から合格する人もすくなくない。落ちるのは名誉なことではないから、人に話したこともなく、ひそかなシコリとなっていた。ところが、ずっとあとになって、気が変わった。競争試験で不合格になってもすこしも恥ずかしいことはないではないか。落ちるのがいなければ受かるのもなくなる。胸を張っていい。そんなことより、失敗経験は後々大きなプラスの力になる。むしろ感謝してよいことかもしれない。そう思うようになった。

入学試験に落ちたことのない秀才は失敗の教訓を知らない。社会へ出てはじめて失敗すれば、あわてるだろう。すくなくとも何度も失敗してきた人間ほどうまく対処できないに違いない。落ちたことは、恥ではない。むしろ、感謝してもよいくらいだと悟った。もっともそこへ達するまでに長い時間がかかる。

私が入試に失敗しても、それほどの打撃を受けなかったのにはわけがある、というのも後々になってわかったことである。

私は九歳のとき、母を失った。こどものことで、親を失うのがどういうことか、まったくわからなかった。人間にとって最大の不幸のひとつであるなどと知るよしもない。三年たち五年たって、じわりじわり、悲哀が襲ってくるのだが、それでもなお、不幸だとはっきり考えたことはない。だいいち不幸ということも知らなかった。

何十年もして、これは母が死をもって与えてくれた、ありがたい経験であったと思うようになる。それまでは、親しい友人にも話すことのできなかった母の死を見直すようになった。あれだけの悲しみ、苦しみを乗り越えてきたのだというのは、大きな自信になる。逆風を怖《おそ》れず、不遇にへこたれず、わりあいのびのびと生きてこられたとするならば、幼くして母に死なれたおかげである、とまで考えたのである。

昔の中国のことばだが、「人間万事塞翁《ばんじさいおう》が馬」というのがある。塞翁の持ち馬が隣国へ逃げていってしまった。歎いていると、その馬が名馬を連れて帰ってきた。塞翁の息子が、その馬に乗っていると、思いがけず落馬、骨折してしまう。しかし、その怪我のために隣国との戦《いくさ》に駆り出されなくてすんだ、という故事にもとづく。

災難が好運をもたらし、好運が災いのもとになることをあらわすもので、同じく中国のことば「禍福《かふく》は糾《あざな》える縄《なわ》の如《ごと》し」に通じるところがある。人間の禍《わざわい》と福とは、より合わせる縄のように入れ替わる、というのである。絶対、不変の禍福というものはなく、一方が他方とたえず交錯するところをとらえたことばである。このことばが永く生き残っているのは、それだけの真実を含んでいるからであろう。

幸福をプラス、不幸、災いをマイナスとすれば、プラス、マイナスは縄のようにに交錯してあらわれる。その場合、マイナス先行がよく、プラス先行ではうまくない。禍福と言って、福禍とはあまり言わないのがおもしろい。

マイナスで始まれば、プラスへと続く確率が高いけれども、プラスでスタートすると、どうもそのあとはよくないことが多い。マイナス先行がよい。

III

IV

ひとつの流儀

I

結果を見れば

前列人間と後列人間

集まった人たちがいっしょに写真をとる。何列かに並ぶ。最前列はたいてい年輩の人の席だが、袖の方へ、二、三名が左右に、それほど偉くない人が座ることになる。

できれば前列に出たいと思っている人は、さっとそこをおさえる。後列を好む人は、前列志向をなんとなくうとましく思うものである。

政治家になろうとするなら、前列でなくてはいけないが、どうも、慎みが足りないように感じられる。胸など張って写っているのを見ると、好感がもてない。それが人情というものであろう。政治家がなんとなく温かみに欠けるように思われるのは、前列人間だからでもある（もっとも後列にひっこんでいるようでは、選挙に負ける）。

普通の人間は、できれば、前列は遠慮したい。すすめられても、断って後列にまわるのが床《ゆか》しいように思っている。それで前列がなかなか埋まらないこともある。本当に立派な人は多く後列にいるようである。

前列がよくないのは、そこに座っているとなんとなく威張っているように見えるからだ。そのつもりはなくても、前列というだけで威張っているように見える。そういうことを自覚している前列人間は多くない。たいていは前列に並んでいい気になっているようで、それが醜《みにく》いのである。

人と話していておもしろくないのは、相手が自慢話をするときである。本人は実にたのしそうに、手柄話や、うまくいったことを話す。話しだすと、止まらない人もある。きいている人が退屈そうにしているのに、そんなことは目に入らない。こういう人はあまり人から好かれない。

逆に、なんとなく人に好かれ、人望を集めるような人は、たいてい、聞き上手である。相手が調子に乗ってなんでもしゃべるのを、いやな顔もしないできいている、というのは、案外、難しいことである。こういう人の前だと、思ってもみなかったことまでついしゃべってしまう。存分にしゃべれば気分がよくなるから、あとで、あの人は良い人だ、とホメる。聞き上手はひとつの徳である。聞き手の沈黙は話し手の雄弁にまさることがすくなくない。

競争社会である。黙っていては存在感は出ない。とにかく、自分をPRしなくてはいけない、損である。そんな風に考える人が多いようである。自分ではそうは思っていないだろうが、自分を売り込もうとしているように見える人間がおもしろいわけがない。入社試験などの面接で、こういう自己顕示型が好まれているのではないかと想像される。PR人間が目立つ。

世の中は芝居である、とシェイクスピアは言っているが、芝居は役者だけでは成立しない。いろいろ縁の下の仕事をする、陰の存在や黒子が必要である。黒子は黒い衣服に黒頭巾をかぶっていて、舞台へ出るときも、小走りに動いたりして人目をひかないように振るまう。だから目ざわりなはずの黒子が舞台にあらわれても観客はそれをじゃまだとは思わない。

好ましい黒子は、しかし、若い人には人気がない。年輩の人でも、自慢話のやめられない人、写真をとれば前列に出たいと思う人は、りっぱな黒子になりたいとは考えないだろう。舞台で脚光を浴びたいと思う。そういう人間が圧倒的に多いから、この世はとかく住みにくくなるのである。すぐれた黒子はいつも不足しているが、その価値を考える人もほとんどいない。

目立ちたがり屋が多い、自分が自分がと考える押しのつよい人間がうようよしていて世の中が味気なくなる。自己宣伝でもしなくては生きていかれないと思うものが多いのは末世である。昔の人は、もうすこし慎みということを心得ていたように思われる。

桃李主義の人

桃李不言、下自成蹊（桃李《とうり》もの言わざれども、下《した》自《おのずか》ら蹊《みち》を成す）ということばがある。有徳の人のもとへは自然に人が集まることを言ったものである。桃や李《すもも》は美味であるから、別に人を呼び集めようとしなくても、自然に人がやってきて、その歩いたところが道になるというのである。昔も自己宣伝して、人を集めようとした人が多かったのであろう。そういうのに対して、実力さえあれば、ＰＲなどする必要のないことを教えたことばである（成蹊という学校がある。その心を汲《く》んだ命名であろう）。

世智辛《せちがら》い現代、そんなのんきなことを言っていては、忘れられ、埋もれてしまうと心配する。なにごともＰＲ、宣伝、広告で勝負するから、誇大広告がまかり通る。それしか能のないのがさかんになるが、一方で消費者がすこしずつ賢くなっていく。目ざめた消費者は、偽装表示にきびしい目を向けるようになる。

イギリスの古い諺《ことわざ》に「美酒は看板を要しない」（Good wine needs no bush.）というのがある（ブッシュは木の枝、昔は文字の読めない人が多かったから、文字看板ではなく、木の枝を店先にかかげた）。飲ませる酒がうまければ、宣伝しなくても客はやってくる、というので、やはり桃李主義の考え方である。

美酒のわかる人がすこしずつふえるのを待てないで、客を引きつけようというのが宣伝である。広告である。自己顕示である。これが多くなると、客は、自分で、良否を判断する能力を退化させてしまう。実物を自分で判断しないで、できないで、売り手の言いなりになる賢くない客がふえると、桃李主義は力を失うようになる。

人間はものとは違う、とは言えないところがある。自分を売り出してうまくやるのが当たり前になり、いつも自己宣伝をするいやな人間がはびこっている。こういうPR人間、はじめは華やかであるが、実力のともなわないことが多くやがて落ち目を迎える。

桃李主義は実力にものを言わせ、空虚な自己顕示を恥じる。少しずつまわりの信望を集めて大成することが多い。スロー・スターターである。かけ出しのところでは、PR馬におくれをとるかもしれないが、第三コーナーあたりから頭角をあらわし、第四コーナーをまわるころには先頭を競うところまでになっている。

「どうせ」の短慮

私が大学ではじめて担任をしたクラスの学生が還暦になったとき、旧学生たちが色紙をほしいと言う。クラスは全員で十五名である。禿筆《とくひつ》をふるうのはなんでもないが、かつてはえらそうなことを言って圧倒したつもりになっていた相手である。いい加減なことばは書きたくない。しばらく考えていて、この際、ふさわしい俳句を思いついた。

浜までは海女《あま》も蓑《みの》きる時雨《しぐれ》かな　瓢水《ひょうすい》

これを認《したた》めた色紙をたずさえて、祝いの会に出た。受け取った連中、戸惑ったような顔をしているのが目につく。高尚でわからないのだろう、説明した方がよくはないか、と思っていると、質問したのがいる。

「この瓢水って、どういう人ですか」

それまで、一度も、作者がどういう人であるかなどと考えたことがなかったから、旧教師の面目は丸つぶれ、

「いやー、実はボクも、いまのいままで、どういう人かまったく知らないということに気づかなかったんです。作者不詳の名句だと思ってください」

半白の旧学生、一本とったと思ったのだろう、愉快そうに笑い、みんなで安心したらしい。作者には関心があっても、句そのものの意味はどうでもよいのであろう。

会のあと二、三日すると、当日の旧学生たちがいろいろファックスしてくる。インターネットなどで調べたらしい。間の抜けた元教師に教えていい気持ちになったに違いない。

私自身、どうして、この句を知るようになったのかというと、本で読んだの

ではなく、聞きかじりだった。

すこし年下の哲学者の友人がいて、関西の女子大学の学長をしていた。ある年、その卒業式へ招かれて、友人の学長告辞をきいた。哲学者らしからざる、くだけた話をした、その中にこの、「浜までは海女も蓑きる時雨かな」が出てきた。式のあと、控え室で二人だけになったときに、

「ヒョウスイって、どういう字を書くんです?」

ときいたら、学長はテーブルの上に瓢水の字を書いた。それで満足した、どんな俳人かなど知りたいとは思わなかったのである。それからずっと、一度も、伝記的知識を得たいと思わなかった。旧学生にとっちめられてはじめて、無知におどろいたのだから、いかにもノンキである。

瓢水は滝《たき》氏。通称を叶屋新之丞、のち新右衛門と称した。播磨《はりま》の豪商であった。千石船を十艘も所有するほど栄えていたが、瓢水の風流によって産を失い、晩年はむしろ貧しかったという。一六八四年生まれ、一七六二年歿、享年

数え七十九歳。生涯、無欲、無我の人で、逸話に富んでいる。

逸話のひとつ。藩主酒井公が姫路城に封ぜられて間もなく、瓢水の評判をきいて、わざわざ瓢水の住まいに駕《かご》を寄せた。しかし、たまたま留守であった。殿は長い間待たされたが、迎えにやった瓢水はとうとう帰らなかった。当然のことながら藩主は機嫌を損じて帰城した。大名が訪ねてきたからといって、飛んで帰る気にならなければしかたがない。

もうひとつのエピソード。あるとき、橋を渡っていて、足をすべらせて、川へ落ちた。たまたま、顔見知りの農夫が通りがかって救出した。そこまでは珍しくもないが、瓢水先生、川の中でふところの餅をむしゃむしゃ食べていたという。

さらにもうひとつ。知り合いの画家が、豊かでない瓢水に同情し、自分の絵を何枚か渡し、これに俳句の賛をして売れば、なにがしかのものにはなろうと言った。その後、いつまでたっても、そうする気配がない。画家が、絵はどうしたときくと、瓢水、すまして、どこかに置き忘れてきてしまった、と答えたそうだ。

「浜までは海女も蓑きる時雨かな」にまつわる逸話はこうである。

あるとき、瓢水の高名を慕って旅の僧が訪ねてきた。ところが、このときも、あいにく不在であった。どこへ行かれたかという旅僧の問いに家人が、風邪をひいて、その薬を買いにいったと答えた。それをきいて旅の僧は、半ばあざけるかのように、

「さすがの瓢水も命が惜しくなられたか」

と言いすてて立ち去った。

帰ってきてこの話をきいた瓢水、「浜までは……」の句を紙に認めると、まだ、遠くまでは行っていまい、その僧に渡してきてほしいと使いを出した。

この句を見た僧は己が不明を恥じ、とって返し、瓢水にわびた。乞われるまま、その夜はおそくまで語らった、という。

風邪をひいて薬を買いにいったが、別に命が惜しくなったわけではない。もういい年だが、いよいよとなるまでは、しっかり、美しく生きたい。どうせこ

の年だからといって病《やまい》をほったらかしにしないで、治る努力をするのは恥ずかしいことではない。

それを「浜までは海女も蓑きる時雨かな」の一句に托したのである。海女は海まで行けば濡れるのだから、雨が降って濡れたってかまうことはない。そう思ってもよいところ、時雨が降ってくれば、わが身をかばい蓑を着る。たしなみというもので、床しく、美しい。どうせ、濡れるのだから、濡れていこう、というのは、考えが浅いのである。

そのように考えると、〝浜〟は〝死〟を暗示するように思われてくる。人間はいずれ死ぬ。どうせ死ぬのだから、よく生きる努力など空しいではないかと考えるのは、先を見透《みとお》しているようで、実は、考えが足りない。人生に、美しく生きる人生に、〝どうせ〟はない。よく考えもせず、さかしらに、タカをくくって、なすべきことをしないのは怠慢である。最後の最後まで、生きるために力をつくすのが美しい――そんなメッセージを引き出すことができる。〝どうせ〟という、すてばちな考えを戒《いまし》めていると解すると、この一句の味わいが深まる。

〝どうせ〟がいけないのは、年寄りだけではない。若い人でも同じことである。ロクに考えもしないで、先々のことをわかったような気になって、すべきことを怠る心は、年齢を問わず人間につきまとう。

〝どうせ〟は、すべきことをしないですまそうとして、自分を欺《あざむ》くせりふである。「どうせあと一年でほかの部署に移るのだから、いまから始めてもしかたがない」と投げやりにしていれば、その一年で思わぬミスをおかす。サッカーの試合で、同点で終了時刻が迫る。ロスタイムがあるが、「どうせ、引き分けだ」と思うチームと「いや、最後の最後までチャンスがある」と緊張しているチームの試合なら最後に思いがけない得点を挙げるのは、もちろん後者。〝どうせ〟は負けるにきまっている。

浜まで、身を大切にする人は海に入ってからもいい働きをする。

瓢水は、不幸の中での幸福を見つける心の自由をもっていたようである。やわらかい心のもち主で一面的な常識にとらわれない。思いがけないところに幸福を発見する才能に恵まれていた。ユーモアの感覚であるとしてもよい。自由な心、固定観念にしばられない豊かな感覚だからこそ、〝どうせ〟という条件反射的思考から脱却できたのであろう。

蔵売って日あたりの善き牡丹《ぼたん》かな　瓢水

蔵を売る、というのはたいへんなことである。ものみなうとましく、世は闇のように思われてもおかしくない。だが、「どうせ、ロクなことはない」と、きめつけないで、素直な目で見れば、これまで蔵のかげでよく見えなかった牡丹がさんさんたる陽光を浴びて美しい。財産を失ったかわりではなく、新しい人生の喜びを味わうことができる。〝どうせ〟といって蔵にとらわれず、思いもかけぬ花の美しさを見つける心は豊かに自由である。

いい加減な〝どうせ〟の判断は人生を小さくする。ぎりぎり最後まで努力すれば、新しい人生が開かれるかもしれない。

三分の人事、七分の天

就活ということばが流行しだしてからかなりになる。就職活動を、つづめたのである。

いまの大学は、要するに、就職のためにあると思っている学生にとって、就活は、もちろん授業より大切である。四年になってからでは話にならない。三年から始めるのが当たり前になると、二年生もじっとしていられなくて、そわそわする、というからおもしろい。

就職とはつまるところ、企業に入ることである。企業はたとえていえば、エスカレーターのようなもの。多くの人が目ざすエスカレーターは混んでいて、おいそれと乗ることができない。乗り口のところに列ができる。早くしないと、乗れないとあせる人たちがふえるから、長い列になる。

しかし、いったん乗ってしまえば、あとはよほどのことがない限り、自動的に上へあがっていく。働かずとも、休まず、悪いこともせず勤めていれば、自然にえらくなれる。前の人を追い越すのは難しいかわりに、あとの人に追い越される心配もしなくていい。人生、エスカレーターに限る。志望者がふえるわけだ。うかうかしてなくても、乗りそこねるのが続出するから、就活は人生の大事となる。

かつては、エスカレーターというものがなかったから、のんびりしたものである。学校を出たら、どこか勤めるところが必要だということすら、あまりはっきりとは考えていない。

在学中から就職の心配をするのは、エリート役人を志望する一部の学生くらいに限られる。大多数の学生は、はげしい就職試験を知らないで社会に出た。世の中には世の中の風が吹いているくらいのことは想像しても、仕事がどういうものかの認識はうすい。

就職を気にするようなのは、仲間からも俗物と見なされるから、ことは隠密にはこばれた。就職活動ということばすらなかった。そのため、学校を休むことは後ろめたいことだったはずである。

戦争中に、敵国のことばである英語を専攻する学生は、在学中に、何度も、学校を出ても、仕事がなくて困るだろう、という親切半分、興味半分の心配をするまわりの人たちがいても、ビクともしなかった。

ある田舎出身の学生は、そういう人に、「いや、南洋の灯台守《もり》にはなれます」と笑った、という。案外、肚《はら》がすわっていたのかもしれない。実際、島へ行かなくても、戦争が終わってくれて、一転、世の中は英語天国のようになり、求人が降るほどあって、断り切れず、逃げまわる人も出るほどになった。

終戦直後、英語のできる人間にとって、そのころ、もっともいい働き口は進駐軍であった。たどたどしい英語でも、タバコが手に入る、チョコレートもくれる。カンヅメにも不自由をしない。

灯台守志望だった学生は、そのとき考えた。戦争中世間から白い目で見られながら勉強したのは、米軍キャンプで無教養のＧＩ（兵士）にこき使われるためだったのか。そんなはずはない、もっと浮き世ばなれした〝志《こころざし》〟があったはずだ。その学生は、断乎《だんこ》、米軍のアルバイトを拒否、静かに、中世英文学などの勉強を始めた。学部だけでは足りないから大学院へ進んで、勉強した。

学部のときの教師のひとりが、この学生になにをやっているかときいた。中世英文学だと答えると、その教師は、「それじゃ金にならない」と笑ったそうである。この教師自身、稼ぐのに忙しかったのであろう。

十年たってみると、タバコとカンヅメを稼いでいたのが没落し始める。おかしいことに自殺者が何人もいて、世間をすこしばかりおどろかせた。

他方、灯台守志望は、人のやらない勉強をしていて、教職を得ることができた。就職に苦労するということはなかった。若いときの考えなど考えにならないのである。なにもしないのがかえってよい結果につながることがある。だからこの世はおもしろい。

限界に対する幻想

就活ということを教えてくれたのは、若い友人の息子である。彼はある大学の観光学科に入った。ツーリズムということばがはやり出したころである。母親が大の旅行好きだからそれに影響されたのかもしれない。そうでなければ、高校生が観光学科などを選ぶはずがない。

優秀な学生で、学内新聞というかPR紙のようなものを仲間と作ったりした。よくできたものだと感心したら、印刷を鹿児島の業者に頼みインターネットでどうとかして、びっくりするほどの低コストで仕上げ、広告料でまかなったというから、学生としてはなかなかの才覚だとおどろく。

よくはわからないが、三年生のときから就活を始めたらしい。学科からして旅行会社を志望するのだろうと思っていると、父親が「どうも編集者になりたいらしい」という。

父親はある出版社の幹部である。息子が編集をやりたい、というのは、おやじを認めたことになる。親バカでなくても、息子が進んで父親と同じ仕事をしたいと言ってくれたらいい気持ちにならない方がおかしい。私はそういう話をきいて、よけいな感想をのべるのを慎んだ。話さないようにするのがいちばん。よけいな差し出口はすべて無益有害である。

アメリカ発の経済危機のせいもある。大学卒の就職はたいへんきびしいらしい。その上、本離れに苦しむ出版社に入ろうというのだから、並たいていではなかろう。

ぼんやりそんなことを想像していると、父親から、「連戦連敗」を報じてくる。ひょっとして、こちらがなにかすると期待しているのかもしれない。その昔、この人の入社試験の前に、その出版社の首脳に推薦状を書いたという縁がある。彼はみごと激戦を勝ち抜いて入社を果たした。まさか、もう一度、そういうことがあってほしい、などということは考えないであろうが、子ゆえにまどうという親心である。内心、あるいは、そんなことを考えていたかもしれない。

もちろん、いまの私に、そんな力はない。世の中もきびしい。はっきり、諦《あきら》めてもらう方がよいと思って、父親あてに、

「就活不首尾、連戦連敗の趣、心を痛め居り候《そうろう》。三分の人事、七分の天、と申し候。天の声をお聴き被下度《くだされたく》候。草々」

候文などふざけるなと思ったのかもしれない。あきれたのであろう、返事はなかった。

私としては、片っ端から落ちるというのもいい経験であるという考えがある。それでへこたれるようなら、ダメ人間である。失敗を糧《かて》にして、七転び八起きの人生を展開するのも生き甲斐だと思って、心からのエールのつもりである。それが届かなかったのなら悲しい。

われわれは、ことに若いときは、努力すればなんでもできる、いや、できるはずだ、という途方もない思い上がりにとりつかれる。

「精神一到なにごとか成らざらん」とか、「なせば成る、なさねば成らぬなにごとも、成らぬは人のなさぬなりけり」といった調子のいい考えに幻惑されて

いるきらいがある。

　どんなに誠実な努力をしてみても、どうしても達することのできないことが、いくらでもある、というより、それがむしろ普通である。若いときは生意気だから、不可能はないように考えがちだが、それを正してくれるのが経験、失敗経験である。こういうマイナス経験は早いうちにするほどよい。友人の息子は案外、恵まれているのかもしれない。

「三分の人事、七分の天」は清《しん》の趙甌北《ちょうおうほく》の詩句で、原文は、「到老始知非力取三分人事七分天」である。

　若いときは、なんでもできるはずだと考え、できないのは努力が足りないように思っていたが、年をとると、だんだん、人間にできるのは三分、それを越える天によるのが七分だという一見、消極的なところが見えてくる。努力、人事の限界を知れば、人生は気が楽である。すべてを自分の責任とするのは、いかにも、りっぱなようであるが、その実、うぬぼれであり、不遜である。人間の力には限界がある。

三分の人事といっても、三分の一だけ努力すればいいというわけではもちろんない。十をすべてやるのである。しかし、成果を収めるのは三分である、という覚悟がほしい。

「人事をつくして天命を待つ」ということばはいくらか「三分の人事、七分の天」に通ずるところがあるようにも考えられるが、「人事をつくして」というのが問題である。そんなにかんたんに人事をつくすことは難しい。本人は、もうこれ以上のことはできない、できることはすべてした、などと思っても、それは自分でそう思うだけのことで、まだまだ、しようと思えばできることがいくらでもあるのをわかっていないのである。「人事をつくす」などと軽々しく言うのは、自分に対する甘えである。人事をつくすということは、普通、まずありえないと考える方が健康である。いくらかつらい経験をするとそういうことがわかるかもしれない。わからないかもしれない。

自然体がいい。精神一到、人事をつくす、なせば成る、などはいずれも気負いであり、自らをはげます気合のようなもので、それを口にする人も、本当に精神一到できたりすることがありうるかどうかわからないのに、(もし)そういう緊張努力ができるならば、という仮定の上に立って、「なにごとか成らざらん」などと言っているのである。いわば絵空事のマニフェストのようなものだと思えばいい。

そこへいくと、三分の人事は、さめた考えである。いくらじたばたしてみたところで人間にできることはタカが知れている。いくら人事をつくしても、色よい〝天命〟は期待してはならないのである。それを道破した「三分の人事、七分の天」は、たいしたものである。

無敵が大敵

人間はみな敵をもっている。それと意識しない敵も含めれば、つねに敵に包囲されているようなものである。もちろん、敵を怖れる。できることなら敵からのがれようとする。実際に敵を向こうにまわせば、とてもできないようなことをやってのけられるが、楽ではないから、なるべく敵のすくない生き方をしようと思う。恵まれた人間は不幸な人より敵がすくなかったり小さかったりするのが普通である。

味方はほしいが、敵はないに越したことはない。ぼんやりそんな風に考えている人が多いけれどもすこし違うような気がする。

敵は味方よりも人間を成長させてくれるものだ、ということがわかるようになるには、いくつもの強敵をねじふせておおしく生きてきた経験が必要である。そういう苦労人は、敵に味方以上に熱い気持ちをいだくことができる。

　きょうだい三人の家庭があるとする。それぞれ年が二つ違い。いちばんしっかり育つのはまん中である。長子と末っ子は、どちらかというと、おっとりしている。どこか弱々しいところがある。甘えん坊がすくなくない。

　どうしてか。両方とも、〝敵〟がないからである。長子はこわいもの知らずに大きくなる。たいてい思ったようになる。年上のきょうだいがいないからである。末っ子は、年上のきょうだいがあるかわり、下にきょうだいがいない。下の子だってときに敵であるが、いなければいない方が楽だ。

　昔の人は口が悪い。「総領《そうりょう》の甚六《じんろく》、末っ子は三文安い」と言ったものだ。両面に敵をかかえるまん中の子は、とくに努力しなくても、困難に耐えることを学ぶ。つよくなるのである。

　ひとりっ子は総領と末っ子をかねているようなものだから、敵の影がない。敵のないことが幸福だとするならば、ひとりっ子はたいへん恵まれていることになる。

逆に、敵によって人間が成長するのだとするならば、苦労のすくない、敵のないひとりっ子は、よほど危険、苦労、失敗などを経験しないと、もっている可能性も発揮できなくなってしまう。昔、山中鹿介《しかのすけ》が「われに七難八苦を与え給《たま》え」と、敵のあらわれることを祈ったのは、逆説ではなかったのである。

いま、少子化対策が政治課題になっている。こどもをすこやかに育てるには社会も支援しようというのであるが、多少の経済的助成をするのでは、本当の解決にはならない。カネだけでは、よい子は育たない。心を育てる必要がある。それには、あえてこどもの敵をつくる必要がある。きょうだいが敵として精神的成長に有効に働いているとするなら、ひとりっ子に、そういう敵をどうしたらもたせることができるか。とくと考えなくてはならないだろう。

こどもはかわいい。存分にかわいがってやれば、りっぱに、つよい人間になると考えるのは短慮である。能力のある、しっかりした人間にするには、適当に不自由、不幸、苦労することが不可欠である。ひとりっ子は、えてして、そういうネガティブなものに欠けやすい。もっと苦しめなくてはいけないのである。

こどもにとって、幼いときに、親を失うのはおそらく最大の不幸であろう。こども心にはその悲劇はよくはわからないが、これが敵としてこどもの前に立ちはだかる。ちょっと考えれば、これだけの不幸にあえば、こどもは成長を止めて、つぶれてしまうように思われるだろう。ところが、そうではない。とくに幼くして母親を亡くした子は、普通以上の人生を自らの力で拓《ひら》いていくことが多いようである。

不幸という敵があるから、それに負けまいという意志と努力が生まれる。それがしばしば成功につながるというわけである。

もっと普通の敵は〝貧困〟である。いまでこそいくらかすくなくなったが、かつては最大の教育力をもつのは貧困であった。貧困は人間にとって大敵のひとつだ。しかし、別に珍しくもない。心ならずも貧しい家庭がどれほどあったかしれない。常識的に見れば、貧困は決してありがたいものではないが、人間を育てる経験としてはかけがえのない力をもっている。おそろしい敵でありながら、長い目で見れば、人間の力をのばしてくれる味方である。貧困を呪うのは誤っているかもしれない。好敵手としてこれに挑戦すれば、思いがけぬ人間力を身につけることができるのである。

親がえらいうちの子が、親を越えることもないではないが、多くは、及ばない。父の苦労の方が子よりも大きいのが理由のひとつである。よく二代目、二世のヒ弱さが言われるけれども、子の育ち方が親より恵まれていることによるのであって、二世の努力不足ではないということを考えるべきである。

人生を大きくする存在

「田舎の学問より京の昼寝」という昔の諺がある。ちょっとわかりにくく、古来、いろいろに解されている。たとえば「いなかで一生懸命勉強するよりも、都会でなまけているほうがかえって見聞をひろげる」(故事・諺辞典)という解釈があるが、これでは、都の昼寝がなぜ田舎の勉学にまさるのか、よくわからない。「かえって」というのが、かえって意味を混乱させる。正しい理解とは言えない。

やはり〝敵〟ということを考慮に入れる必要があるように思われる。田舎で学問すれば、どうしても独学になる。まわりに競い合う同学などあるわけがない。ひとりで努力していると、自分がひどくえらいように思われてきて、おのずから力も鈍る。ひょっとすると、お山の大将のようになりかねない。鳥なき里のコウモリとなっても、自分はりっぱに飛ぶことができる、鳥であるとうぬぼれることもできるであろう。

都会の勉強はそうはいかない。ほかに勉強している人がいくらでもいる。別に競い合う気持ちはなくとも、負けたくないと思うのは人情である。まなじりを決するというほどではなくとも、緊張する。ライバルがあるおかげである。勉強の能率がいいから昼寝をするゆとりが生まれる。意識が高いのは、敵があるからで、昼寝をしていてもなお、りっぱな勉学が進む。そういったことをのべたものと解する方が、すくなくとも、おもしろい。

敵、好敵手、ライバルは人生劇場において欠くことのできない役回りである。それが欠けると、せっかくのドラマがドラマにならない。心あるものが、好んで、敵を求めるはずである。

地方の小さな学校の生徒が陸上競技の選手になろうとして我流の練習を始める。いくら努力してもあまり進歩しない。コーチがいないのがいけない。学校の体育の先生で、個別競技を指導できるのは例外的。生徒はたいていが、〝独学〟になる。それではウダツは上がらない。

大学などの運動部ならコーチのいるのは珍しくない。それよりも重要なのは、運動部には仲間がいる。競争相手がいくらでもいる。コーチなんかしてもらわなくても、仲間に負けまい、できれば抜きたいという気持ちだけでも、相当に進歩するものである。

AとBは実力伯仲で、試合のたびに勝ったり負けたりで、はたのものは互いに好敵手であるというが、本人には、むしろ、うっとうしい存在である。となれば、AはBがいなくなればいいと思い、BはAが怪我でもしてくれないか、とよからぬことをひそかに願うかもしれない。別にケンカをするわけではないが、どことなくよそよそしい間柄になるのは是非もない。

思いがけない事故にあって、Bが競技が続けられるかどうかわからなくなった。もちろんAはそのことを内心、しめた、チャンスだと思うだろう。そう思わないものはまずない。人の不幸を喜ぶのは人間が共有する悲しき性《さが》のひとつである。それだけに、それをかくし、同情したり、はげましたりするのが礼儀とされるのである。AはBがいなくなれば当面のライバル、強敵はいないことになる。これからは独壇場、ひとり躍進できる、と考える。

実際は、そういうようには展開しない。張り合っていた相手が急にいなくなると、目標が急に消えたようなものである。努力は目標を失って空《くう》を切り不発に終わる。それが、相手と実際に張り合っているよりはるかに大きな消耗になる。そしてスランプに陥る。

やがて、〝おれはダメなんだ〟と、敵を攻めていた矛先《ほこさき》が自分に向けられるようになる。スランプは深刻になってなかなか抜け出せない。ここでいちばん賢明なのは、新しい敵を見つけて、それと張り合って、自分をのばしていくことである。なかなか、そこに思いつかないだろうが、これができるかできないかは、大問題である。

企業が社員を採用するとき、ひとりだけ、というのはよくよくのこと。すくなくとも、二人はいっしょに採用しないといけない。ひとりだけ入社した人はいくら努力しても、同期が何人もあって互いに競《せ》り合って仕事するのと比べると、はっきり成長がおくれる。そういうことは経験によってわかる。

新入社員のしつけ、教育は、先輩社員の仕事であるが、このごろはいやがられる、にくまれ口をききたくないとして、後輩にものを教えることがすくなくなっている。もののわからない、幼い人間がふえるのは是非もない。

こうなったら、望みをかけられるのが、ライバルである。力の伯仲した人を複数採用すれば、放っておいても、互いに競争になる。負けたくないとはっきり意識はしなくても、努力はする。それに触発されて同期の人たちもめいめいに敵をもって、自分をきびしく律し、努力する。ひとりエリートがおっとりかまえているのとはわけが違うのである。

世の中を敵と味方の二つに分けるのは粗雑な考え方である。敵はにくいもの、われに害を与えるものなりときめて、敵の効用ともいうべきものに思い至らないのは未熟である。たくさん敵があれば、それはむしろ天の配剤だと考えて感謝するくらいにならないと豊かな人生を送ったとは言えないだろう。若いうちは、ことに強敵、大敵が必要で、それに負けない意志と努力があれば、人生はそれだけ大きなものになる。夢にも敵がなければよい、などと考えないことだ。無敵を願うのは弱い心である。

XとYという雑誌はライバル関係にあると思われていたが、もともとY誌は強力なX誌の勢いをそぐための敵対誌であった。X誌が勢いを失った。Y誌にとってチャンスのはずである。どんどん読者がふえるかと思われていると、大方の予想に反して廃刊になってしまった。Y誌は敵のX誌によって力を出していたのである。

無敵はまさに大敵である。

知らなきゃ強い

知らぬが仏。昔の人がよくそう言った。よけいなことを知るから、人間は苦しみ、悩む。そして自滅することすらある。知識は力なりと、ノンキなことを言った哲学者がいるけれども、知識によりけり。悪性知識、有毒知識は命とりになる。ものを知らなくても死にはしないけれども、なまじおそろしい知識を吹き込まれると命をおとしかねない。

戦前の田舎の話。しゃれた農家の主人がどこで吹き込まれたのか、生命保険に入りたいと思った。入ると言えば、すぐ入れると思っていたところ、健康診断がある。それでいけないとなれば、いくら金を出そうとも加入できない。そうきいて、この農家の主人は、ますます保険をありがたいと思うようになったという。

健康診断などというものは名前も知らないくらい。生まれてからお医者にかかったことがないのが自慢である。検査などなにするものぞと受診した。

おどろくべし、厄介な病気が見つかった。もちろん保険加入は拒否された。

そんなはずはない。「おれが丈夫であることはおれがいちばんよく知っている。よその医者の言うことなんか当てになるものか」などと毒づいてみたものの保険会社は「まことにお気の毒ですが、当社の規定によってご加入いただけない場合がきまっております。お客様はそれに該当されますので、たいへん残念でございますが……」となってしまった。

断られた本人は、すっかり自信を失ってしまい、病人の気分になって、ろくに仕事にも出ず、ぐずぐず、ごろごろするようになる。

やがて本当におかしくなって、お医者にみてもらうと、やはり、悪いところはあったが、ただ、早期だし、大丈夫、治ると、ドクターは明言したそうである。

ところが、この人、医者の言うことを信じられなくなっていた。口先でうまいことを言っているが、本当はもっと悪いに違いない、とひとりきめ込んで、毎日、ウツウツと日を過ごした。

半年もしないうちに、本式の病人になり、すっかり衰えてしまった。なにより生きる気力を失ったことが大きい。保険加入を拒否されて、二年くらいして、この人は亡くなってしまったのである。

そのころの農村では、正しい医学知識などあるわけがない。亡くなったのは、「保険に殺されたのだ」という流言になった。保険会社はさぞ迷惑したことだろう。保険に入ろうとしても入れてくれないで、かわりに病気をくれる。それであの人のように死んでしまうのだから、保険はおそろしいものだ、というような話をきいた人たちは、たいてい保険を嫌うようになった。入ろうとすると病気になる、というのを真《ま》に受けて保険を毛嫌いする人がすくなくなかった。その農家の主人はいま生きていれば八十の半ばを越しているであろう。

病気だと知ると病気になる。知らないでいれば病気ではない。そんなバカげたことがあってたまるか、と人は言うかもしれないが、人間はか弱いもので病気ということばで病気になり、病気だ病気だと気に病んでいると、ひょっとして、死んでしまうかもしれない。知らぬが仏、である。知るは災い、知らぬ方がいいというのが、案外、道理に近いのかもしれない。

これとは逆の話もある。話などとトボケることではない。私におこったちょっとしたミステリーである。

敏感であることの落とし穴

もうだいぶ前のことになるが、老人健診というものを受診した。それまではバカにして受けなかったのを、たしなめる人がいて、しぶしぶ検査を受けたのである。

後日、呼び出されて検査結果についてのコメントをもらうのである。ドクターが感心したように、

「ずいぶん、しっかりと結核をやりましたね」

「いつのことでしょうか」

「三十年くらい前のことです。いまはすっかり固まっていますから、心配はいりません。たいへんでしたでしょう、いまもこれだけの影が残っているんですから」

「ええッ？」

きいているこちらは気が顚動《てんどう》していて、お医者のことばがよくききとれない。かりに三十五年前だとすると、二十二、三歳のころ、軍隊で食うものも食わずはげしい訓練を受けていた。

ロクでもない古参兵が陰に陽にいじめる。不愉快だけれども、どうすることもできない。戦争で死ぬことより、鬼軍曹に目の敵《かたき》とされる方がおそろしかった。毎日、気分最低である。かりに微熱くらいあっても、病気だなどとは思わない。しっかり訓練をしなければ、鬼軍曹からなにをされるかわからない。そういう緊張の連続で、息つくひまもない。体調など気にするゆとりもないのである。

毎日、歯を食いしばって生きていた。かりに体がむしばまれていたにしても、もっと直接的で、苦しい心の痛みに比べたらものの数ではない。だいいち病気だなどと言ったら、あいつがどうするかしれないと思うから、体調のことは考えない。いまにしてみると、あのとき、りっぱな結核患者だったのである。無自覚患者である。病気と知らなかった、不調を不調と感じない鈍感だったからこそ、生きていられたのかもしれない、と考えると改めておそろしくなった。

戦争中の軍隊である。衛生思想などというしゃれたものはないから、体調が悪ければ、自分で申し出るしかないが、すこしくらいのことで治療を受けようとすると、どんなに叱られるかわからないから、我慢する。そのうちに病気の方がアイソをつかして退散する、というわけである。

もっとも、ちょっとおかしいと、すぐ病院へ行く神経質な人間もいるが、かならずしもうまくいくとは限らない。くよくよ考え思いつめているとかえって病勢を強めるということもないとは言えない。かりそめの病気を思いつめていて命を落とす、ということもあるに違いない。

そこへいくと鈍いのはすぐれた才能であるとしてよい。いくら病気がシグナルを送っても鈍感な神経が相手にしなければ〝気〟を〝病〟む病気にはならない。そして自然治癒の力によって、疾患を駆逐する。医学のなかった長い歴史の間、自然治癒力はもっとも活発に働いただろう。なまじ近代医学がクスリを飲ませたり、手術を急いだりするから、自然治癒の力はいちじるしく低下したと見ることもできる。

鋭敏なのがいけない。下手な知識があるのもいけない。これは死病である、などと医者に宣告されると、気弱く本当に死んでしまうのである。

そこへいくと、鈍根は頼もしい。ちょっとくらいのことはまるで、感知しない。すこしおかしい、などと言われても、人間、すこしくらいおかしいのが当たり前、と聞き流していれば、病気のつけ込むスキは小さい。早期発見・早期治療というが、早々と病人にされるのはありがたくない。知らぬうちに治ってしまうかもしれないのを、ほじくり出し、ひっかきまわして、本ものの病気にする。

このごろの医学は、アメリカにかぶれて、告知を当然のことのように考える。患者はひどい打撃を受ける。たいてい予告した期間で命たえるようになっている。われわれ人間はみんな生まれながらにして死ぬ運命にあるが、死刑がいつ執行されるかわからないから、笑って生きていられる。神だって死期の告知を遠慮しているのに、医学があえてそれをするのは、天を怖れざる業《わざ》ではないのか。医学はじっくり考えるべきであろう。

人間、敏感であるのは考えもので、つまらぬことにいちいち反応し、いつまでもそれにこだわって悩み苦しむのは賢明だとは言えないだろう。それに引きかえ、鈍根はよろしい。たいていのことには反応しない。くよくよ心配するなどということとは無縁である。感知しないものは知らないのと同じである。どんな大きな不幸でも、病苦でも、反応しなければ、かなり毒が消えるのである。

知は災いのもと。
不知はいのちのもと。

我慢

明治の昔、日本の外交官が北欧のある国で難しい交渉をしていた。話がうまくまとまらないで、何度も休憩をとらなくてはならなかった。

その一服の時間に、日本の外交官が、故国をしのぶように、

「私の国でも、今は雪でしょう」

と言ったところ相手がびっくりしたように、

「貴国に雪が降るのか」

ときいた。日本の外交官が、降るどころか、たいへんな豪雪地帯もあるというと、相手は急に態度を改めて、それなら、貴国はりっぱな国だろう、と言ったという。

つまり、その北欧の外交官にとって、雪の降る国は信用できる、降らない国は信用できない、ときめていたのである。これはその人ひとりの考えではなく、広く、北欧諸国の人々が共有している心情であるらしい。

雪の降る国の生活はきびしい。寒冷に耐えて生きなくてはならない。自然、勤勉でよく働く、怠けていては生きていくことができないから、自然に質実剛健になる、それが伝統になると国の文化はいやでも進歩する。雪の降る国なら大丈夫、信用できるということになるのであろう。

日本はそのころ、まだ、ヨーロッパではよく知られていなかった。地図を見ると、ずいぶん南国のように見える。南国は勤勉でないから文明も進まない、そういう思い込みのあるヨーロッパ人にとって、日本は信用できる国家とは思わなかったのである。

雪が降るときいて、評価を一変させた。きびしい環境でしっかりした人間が育つという信念のようなものをもっているのである。一種の偏見かもしれないが、事実の裏付けがある。

日本の国内でも南国よりも北の気候のきびしい地方の人の方が、おおむね、勤勉で、努力型が多いと考えられている。ことに雪の深い北陸に働きものが多いとされてきた。典型的なのは新潟の人たちである。越後の人は黙々と働く。我慢づよい。それで他国の人から一目置かれる気質をつくった。

かつて到るところにあった銭湯の下働きはきびしかった。冬でも夜半、客がなくなってから、風呂桶を冷水で洗う。生やさしい作業ではないから、馴れない温暖地育ちはひと冬もたないで辞めてしまう。残るは越後から来た人ばかりになる。その忠勤ぶりが認められて主人の娘をもらって、後継ぎに納まるということになる。

ひところ東京の公衆浴場組合の幹部はみな越後の出の人によって占められたという話である。きびしい仕事をものともせず働く。苦しいことも我慢する。

真の不幸とはなにか

我慢づよさは、気候条件によってのみ育まれるものではない。こどものときから病気がちで育った人は、苦痛に耐えて我慢するくせがついている。やがて、病気ともなじみになって、弱いなりに強くなって、長生きをする。

それにひきかえ、幼少のころ、健康で病気知らずで育つと、すこし苦痛があると大騒ぎして、かえって苦痛を大きくする。病気に対する抵抗力も、弱い人に及ばないことが多く、かりそめの病気を大病にして、まわりがおどろくほど若死にすることもある。

昔、喘息《ぜんそく》の持病をもったある人が軍隊へ入った。体力がないから弱兵になったのは是非もないが、息をとめる訓練では中隊一の記録をたてて注目された。呼吸困難に苦しめられ続けてきて、息苦しいのには馴れている。苦しいのをこらえる力は普通の人の比ではない。その人は、そのときばかりは持病をありがたいと思ったという。

かつてあるとき、新しく国会議員になった人たちの経歴を調査したところがあって、いろいろ珍しいことが報道されたが、もっとも注目されたのは、こどものころ、あるいは若いときに、親を亡くした人がたいへん多かったことである。成人する前に親を失うのはもっとも大きな不幸であろうが、それを乗り越えて、選挙というきびしい競争に打ち勝ったのだからすばらしい。両親が存命でも同じようにたくましい人間になったかもしれないが、ならない確率の方が高いだろう。

つらい境遇に耐えている間に、いわゆる幸せな人間が身につけることのできない多くの力を身につけることができる。なかでも目ざましいのが忍耐、我慢で、順調な生活の中では、身につけることが難しい。不幸の与える福音《ふくいん》である。ぬるま湯に入っている人は、水風呂へ入る勇気がない。入れば悲鳴とともに飛び出してしまう。きたえた人は、寒中水泳をものともしない。

人間が成長していくには、多少の苦労、不如意《ふにょい》、逆境が必要である。大事に大事に、風にも当てないで育てるのは、弱い人間にすることにほかならない。親の子に対する愛情はしばしばこの道理を見えにくくするのである。

危ないもの、いやなもの、つらいことなどによって、人間は、それを克服しようという力を発揮し、人間力を身につける。「若いときの苦労は買《こ》うてもせよ」という諺は、それを言ったものである。

そう考えると、〝望月《もちづき》（満月）の欠けたることもなしと思えば〟といった、マイナスのすくない人生はもっとも弱いものであるという逆説が成立する。我慢すべきことがなかったら、生きることができなくなる。進んでマイナスをもつ。そうすれば、自然に、それに負けないプラスの力がわいてくる。

いわゆる恵まれない境遇にある人はとかく自分たちを不当に不幸と思うけれども、それは当たらない。真の不幸は、我慢すべきものがない、すくないことである。これを、教養のある人たちが知らずに一生を終えるのは、ちょっとした悲劇である。

我慢しなければならないものが多ければ多いほど、人間はよい方向へ向かってつよく進むことができる。

II

失敗とはなにか

自信喪失

大学病院、精神科の石川医師から多田嘉治郎《ただかじろう》の研究室に電話があった。秋谷塩乃のことである。入院して二週間になる。石川医師は秋谷の主治医で、彼女の日記を読んでいる、と言った。

日記には、SとTのイニシャルの二人の教師がよくあらわれる。Tのことはたいへん好意的に書かれているが、Sは悪魔のように呪われている。どうも同じように担任の教師らしいが、両者の関係がはっきりしない。たぶんTは多田らしいと見当をつけて、医師は多田のところへ電話してきたのであった。

「おさしつかえなければ、当時のことをすこし伺いたいと思いまして……」

その三年前、新学年が始まって二ヵ月くらいのときである。多田は新入学生の担任であったが、そのクラスの秋谷塩乃が夜、多田の自宅へやってきた。なにごとかと思って会ってみると、おかしなことを言う。

「下宿している近くに、イトコが住んでいます。このごろ朝、顔を合わせると、胸が熱くなります。好きになったみたいです。彼には妻子がありますし、どうしたらいいでしょう。わからなくなりました」

はじめのうちは、本当の話だと思って、困った学生だと少し当惑したが、話をきいていると、どうも本当のことではなさそうであるという気がしてきた。これは、教師の気をひこうとする下手な芝居である、と思ったら、まともに相手になる気がしなくなり、からかい半分にこう言った。

「キミは、入試の成績がすばらしかった。高校からの内申書にも、開校以来の秀才だというようなことが書いてあった。ボクは注目し、期待している。しっかり勉強すれば、なんだってできるだろう。せっかくの才能をそんな実りのない恋愛問題でつぶしてしまうのは、もったいないような気がするよ、ボクは」

そのあと、秋谷はしばらくなにか話していたが、突然、立って帰っていった。

十日ほどして図書館へ行ったら、本をかかえた彼女に出会ったから、

「あの話、どうなった？」

ときくと、彼女はケロリとして、

「あれ、いいんです、もうすみました」

と言って帰ってしまった。

多田はあとで考えた。やっぱりこちらの勘は当たっていた。優等生病にかかっていたのだ。それにひっかからず、彼女を立ち直らせることができて、よかったとひそかに喜んだ。

秋谷は東北、秋田の出身である。父親が市の助役をしていた。市長選に出て落選して、家庭状況が悪くなったが、彼女は全校一の優等生で、特別奨学生、つまり大学に入学したら奨学金をもらえる資格を高校在学中に得て、大学へ入ってきた。入試の得点もきわめて高い。

おそらく秋谷は、入った大学でも、高校のときと同じように、教師や友だち

から注目される存在になるだろう、なれるだろう、と期待ではないが、なんとなくそんな気でいたのだろう。ところが大学は高校とは違う。点をつける試験が年に二回しかない。クラスのほかのものもみんなよくできるような顔をしている。ひょっとすると、クィーンでなくなったのではないかという不安にかられたのかもしれない。

とにかく教師の気をひきたい。学校の生徒、学生は、存在感があやしくなると、きまって教師の注意をひくことを本能的に考える。りっぱなことをして注目されるのは簡単ではないが、いたずら、非行などなら、教師が黙っていられないことを感じる。

小学校で成績不振児は先生が自分の方を向いてくれないので淋しいが、まっとうなことはできないし、それでは教師は問題にしてくれない。放ってはおけないようなことをすれば、いやでも叱ってくれる。叱られるのはありがたくないが、自分と向き合ってくれるのには一種の快感がある。ちょっとした、いたずらをする、果たせるかな先生に叱られる。無視されているより叱られた方がどれほどよいかわからない。それで淋しくなると、悪いことをする。馴れっこになって先生が叱らないようだと、悪行をエスカレートさせて、先生を怒らせることを考える。

いかにすぐれた優等生も、注目されているという意識が必要であって、自信がなくなると、確認のために、教師の気をひく手を考える。秋谷のケースはまさにそれである。

二年に進級するとき、相棒の担任の桜井が多田に、クラスを交換しよう、そうしないと、半分しか学生を知らないことになる、と言った。多田も賛成した。秋谷は桜井のクラスになった。

それからのことは、先の石川医師が秋谷の日記を読んでわかったことを話してくれたから知ったのであるが、悲劇がおこった。

多田のところへ訪ねてきたのとほぼ同じで、秋谷は桜井の自宅を訪ねた。こまかいことはわからないが、恋愛話をしたらしい。根がきまじめで、道徳家的であった桜井はひどく怒り、さんざん叱りつけたらしい。

秋谷の異常はその直後から始まった。そのことを多田は、石川医師から話を聞くまで知らなかった。

実は、クラス交換のとき、秋谷のことを申し送りしようかと多田は一応、考えたが、もし伝えれば、桜井に先入観をもたせることになり、秋谷のためにもよくない、すっかり解決したのだから余計なことは言わない方がよいと思った。これが誤っていたことを思い知らされて多田はしばらく悩まされた。

自信喪失はおそろしい。それを回避するのはたいへん難しい。ことに恵まれた環境で、まわりからチヤホヤされることに馴れて育った人間ほど、自信家に陥りやすく、自信過剰な人間ほど自信喪失の危険にはまりやすい。

存在感がなくなった、といって殺人をする若ものがいる。やはり自信喪失である。自信回復するにはどうすればよいのか、誰も教えてくれないから思い余って、とんでもないことをするようになる。

優秀だと人から羨《うらや》ましがられるような才能をもっている恵まれた人ほど、自信喪失に陥りやすい。二番手、三番手を走っているのなら、間違っても自信過剰になったりする気づかいがないから、安心である。

才能や幸運に恵まれるのは、実に危ういことである。君子淑女は平々凡々をこそ願うべきである。

凡才、凡人は自信がなくても生きてゆかれる。自信などない方が、いっそう力をつけることができ、不遇の中にこそチャンスがある。そういうことを、なるべく人生の早い段階で、自ら発見しなくてはいけない。秀才、エリートたることまた難《かた》し、である。

コンプレックス

多田嘉治郎は大の郵便好きで、毎日、その時刻になると落ち着かないで、そわそわする。玄関の外、郵便受けのあたりで、コトリと音がするとスワと飛び出す。空耳なこともあるが、小さな音もきき のがすことがない。ときには、あてずっぽうに出てみると、ちょうど配達さんが入ってくるのにぶつかるということもある。そんな日は一日、嘉治郎の機嫌がいい。

もっとも広告、宣伝のダイレクトメールのたぐいが多い。世間では、あんなものいらないと言っている人もあるようだが、嘉治郎はそういう商業郵便でもないよりはましだと思っている。ただ未知の人からのものには用心する。ときにとんでもないことを言ってくるのがいる。ある日、同じ姓だが心当たりのない人から封書が届いた。

「ご本を見て、同じ姓で、同じ県出身とあるので、ひょっとしたら一族ではないか、と思って、この手紙を書きます」

とある。先を読んでいくと、いとこの恒三の長男であることがわかった。この人はどうしてそのことを知らないできたのか。嘉治郎はいろいろ思いめぐらせて重い気持ちになった。

手紙の主、重利は建築事務所をもって活躍している。父親の恒三は二十年も前に亡くなった。彼がまだ高校生のときだったらしい。それまで、恒三は息子に嘉治郎といういとこのいることを一度も口にしたことがなかったのだからおかしい。母親は元気だが、やはり嘉治郎のことは言わなかったのだろう。重利はたまたま求めた嘉治郎の本によって縁者にめぐり会ったことになる。

嘉治郎は分家の子で、恒三は本家の次男である。二つ違いだがいっしょに遊んだことはない。同じ小学校へ通っていたが、口をきいたこともなかった。

本家は町で一、二の資産家であるが、分家した嘉治郎の父は一介のサラリーマンで、まるで格が違う。たまに本家へお使いをさせられても嘉治郎は土間に立ったまま、上へあがることもなかった。

本家はおごそかな空気をただよわせていた。なんとも寒々しい。いつも早く帰りたいと思った。そして、すこし悲しいような気持ちになる。どうして、この当主とうちの父とは二人しかいないきょうだいなのに、こんなに〝身分〟が違うのか。どうして本家というだけで、こんなに威張っているのか。恒三たちが羨ましいという思いで、自分があわれになるのであった。

（カネをためて、エラクなれば、本家のシキイをこんなに高く感じなくなるだろう。うんと勉強しよう……）

などと考えた。嘉治郎は成績がよく、恒三は目立たない生徒だったから、そんな風に考えたのであろう。

戦争中、モノが不足した時代からの七、八年は本家の全盛時代であったようで、経営する醸造会社は隆々と栄えているように見えた。長男が戦死して、恒三があと取りになり、若いのに〝専務〟だった。日曜ごとに新婚の妻君をつれて、タクシーで三十キロもある名古屋のデパートで買いものをして帰ってくる、というので評判であった。嘉治郎はまだ自動車というものに乗ったことがなかったから、オトギの国の話のようにきいた。

社長だった恒三の父親が担がれて町長になってからは、会社は恒三に委《まか》された。一生懸命に働いたのだろうが、苦労知らずだからうまく会社を引っぱっていくことができない。そこをねらわれ、労働組合ができて、またたくまに会社はつぶれてしまった。そのことを嘉治郎は東京にいて風の便りに知ったにすぎない。やはり遠い国の話のようであった。もちろんもうほとんど行き来はなくなっていた。田舎は口うるさいから、いろいろ噂をする。それが嘉治郎のところへもきこえてくる。

会社倒産で収入がなくなった恒三は地元の中学校の臨時講師になった。さぞつらかっただろうと嘉治郎は同情する。というのも嘉治郎は東京の名門中学校の教師をしていたからである。そのころ恒三の長男重利はもう五、六歳にはなっていたはずだが、もちろん、嘉治郎のことなど父親が言うわけがない。そのまま十二、三年して、急死してしまうのだから、重利が嘉治郎の存在をまったく知らなかったのは無理もない。恒三はいとこに対するコンプレックスをもったまま亡くなったのであろう。

嘉治郎は本家、恒三に対するコンプレックスによって、緊張し、努力して力をつけたのだから、恒三の存在はありがたい目標だったのかもしれない。

恒三が嘉治郎に対していだいたコンプレックスは実を結ばないままで終わってしまったが、そのもとで育った重利は、やはり努力したおかげで、建築家となり、家運をもり返すようになったということができる。

人間は強者の近くでコンプレックスをいだく。負け犬の意識である。それを意識するのはつらいことだが、あとになってみると、コンプレックスは弱虫をはげまし、力づける先生のようなものである。感謝することこそあれ、呪ったりしてはいけない。

コンプレックスは弱きものの友である。コンプレックスのない人はひとりで人生の難関に立ち向かわなくてはならない。

傷のあるリンゴ

青森駅の近くの朝市がにぎわっていた。旅行のみやげを買う人もいるらしく、たいへん混雑している。すこし人気《ひとけ》のないところにおばあさんがリンゴを売っている。わずかに傷のあるリンゴで安いのに、ほとんどの人が素通りする。それでサビれているのだ。

傷のあるリンゴというのが気に入った。買おうと思う。おばあさんに、

「傷がある方がうまいんですよね」

と声をかけると、老女は顔をくしゃくしゃにして喜んだ。

「東京の人ですか、よくご存知ですね、えらいもんだ。傷ものが、うまいんですよ。よその人は知らないもんだから、安くしても買ってくれない。あんたさ

んはえらい……」

リンゴだって傷がつけば、早く治そうとする。ほかのリンゴ以上に努力して甘く、うまくなるのである。普通のリンゴはそんなことを考えないからのんびりしていて、味で傷ものに負けてしまう。

傷つくのはリンゴにとってよいことではないが、そのためにたいへんな努力をして味がよくなれば、傷ついたマイナスをプラスに転ずることができる。もっとも、ものを知らない人間が、それとも知らずに、傷ものとして見向きもしないのは、リンゴの責任ではないけれども、リンゴの不幸である。人間の偏見がいけない。

〝マイナス〟から生まれた奇跡

ローマの昔、キケロという有名な詩人がいた。在世中は詩人としてよりも大雄弁家としての評価が高かった。ところが、キケロは、かわいそうに生まれつきではないが、ひどい吃音《きつおん》に悩まされていた。人前で話すことを嫌って当然のところ、彼はその欠点を克服しようと心を砕いた。伝えられるもっとも目ざましい修業は、浜辺へ行って、口に小石をふくんで話すという練習であった。

そういう努力が実を結んだ。普通の人と同じように話せるようになるどころではない。常人の及ばないほどの雄弁の大家となって歴史上に名を残すことになった。もしキケロが普通の子だったら、そんな荒行をするわけがない。普通のことをして、普通の人間になって一生を終えたに違いない。

ほかの人より劣ったところがあって、若きキケロは大きなコンプレックスをいだいていたに違いない。なんとかそれをはねのけようともがいているうちに、常人をはるかに凌《しの》ぐ技能を身につけることができた。禍が福に転じたのである。

十九世紀はじめのころのこと、スコットランドの知的青年の悩みは大きかった。青雲の志《こころざし》をいだいてロンドンへ出るが、スコットランド訛《なま》りのために、ことばがものを言う当時の高級職業、政治家、神職、弁護士などになることができない。やむなく、ことばの訛りが問題にならない、文筆、出版へ向かった。そうして、すばらしい成功を収め、ロンドンっ子をくやしがらせた。いまも世界的に有名なマクミラン社は、そうして生まれた出版社のひとつである。

もちろんわが国にも、コンプレックスをひっくり返して超人的偉業を成し遂げた人はある。なかでも目ざましいのは塙保己一《はなわほきいち》であろう。目の見えなかった保己一である。昔のこと、按摩《あんま》になるのがせいいっぱいのところだ。

しかし保己一はどういう勉強をしたのかわからないが、万巻の書に通ずる大学者になってしまった。目の見えている人でさえ手の出せなかった古書の分類・編纂をなしとげ『群書類従《ぐんしょるいじゅう》』を刊行、その数、正続合わせて二千冊近くに及ぶというから、彼の学識は想像を超えるものがある。

あとにも先にもこんな偉業を成し遂げた人はない。それが身体に障害のある人によって成し遂げられたというのだからおどろく。保己一がコンプレックスに悩んだかどうか知らないが、盲目というのは重い運命で、それに苦しむのは当然である。そしてそれをハネ返した大力によって史上に輝く仕事を成し遂げた。幸福に生まれついていたら、こんな巨人にはならなかったに違いない。

近くは野口英世がいる。幼いときヤケドによって手の指が不自由になった。これが少年英世にとって大きな負荷、コンプレックスとなったのは不思議ではない。それを吹きとばすために、並外れ、ケタ外れの努力をして国際的医学者になった。手のケガは不幸であったが、長い目で見れば、野口を大学者にする働きをしたのを認めないわけにはいかない。

もっとわれわれの身近なところにも、コンプレックスを転じて人間的成長に結びつけている人がたくさんいるはずで、そういう人に同情するのはむしろ不遜である。その目ざましい人間的充実、成長に心からのエールを送りたい。

星野律子さんはかつて私のゼミにいた学生である。在学中は普通の学生であったからとくに記憶することもなく、忘れていたのだが、卒業して十五年もたった先日、当時の仲間といっしょに談話会を開いた。私は旧教師として参加した。そして、星野さんの話をきいてびっくりした。

結婚してご主人といっしょにオランダに住み娘を三人生んだ。その長女と三女が生まれつきの難聴だった。ひとりでもたいへんなのに二人までハンディを背負って生まれてくるとは、親としてどんなにつらかったことだろう。あとで読んだ星野さんの手記によると、オランダはいたるところに森がある。薄幸のわが子を「森にすてようか」と考えたことすらある。

しかし、母は強かった。必死になってわが子の耳をきこえるように手をつくし、かなりの程度まで成功した。英文学の大学院を出た彼女は、わが子と同じような苦しみをもった子たちのために役立ちたいと、日本語教育の大学院へ再入学して勉強中である。

そういう苦労をしてきた星野さんがすこしも暗くない。人を恨んだり批判したりしないで、おだやかに感謝しているのに心打たれた。手記もりっぱな文章で、いつのまにこんな文章が書けるようになったのだろうか、と思うほどである。

かつての星野さんはごく普通の人であった。いまの星野さんは群を抜いて非凡の域に入ろうとしている。もちろん本人の努力のたまものであるが、その努力は星野さんのコンプレックスのなせるところである。

はじめの好運

Oくんと H くんは同じ小学校で首席を争うライバルであった。中学は入試のあるところをねらおうと、五年生のときから進学塾へ通うのもいっしょの仲よしであった。塾でも小学校と同じように、つねにトップをとり合っていた。

難関の国立大学附属中学校をそろって受験することになった。塾の先生は、同じ小学校から二名合格するのはこれまでもなかった、ひとりに絞った方がいいと、それぞれの親に話したが、もちろんきき入れられない。OくんとHくんはそろって目ざす附属中学校を受けた。

残念ながら両名合格とはならなかった。Hくんは合格したが、Oくんは落ちたのである。

Oくん自身よりもお母さんがひどいショックを受け、中学校へどうして落ちたのかと、ききに行った。二年のときに編入させてもらえないかとも頼んだ。そんなことができるわけはないのだが、お母さんは必死だったから、どんなことでもするつもりだった。

どうしてきき出したのか、附属中学校のHくんの担任に決まった先生のところへ、なんとかHくんといっしょに勉強できるようにならないか、と無茶なことを頼みにいった。

担任の先生というのがすこし変わった人で、とり乱すお母さんを諭《さと》した。

「Hくんが羨ましいと思っておいでのことはよくわかります。親心として当然ですが、お子さんは決してライバルの同級生に負けたのではありません。運悪く入試ではおくれをとりましたが、勝負がついたのではありません。これからです。すこし別のコースを走ることになりましたが、三年先には、もう一度、この中学の上の附属高校へ入るチャンスがあります。お子さんを信じて、のびのび勉強させてあげてください。一度くらいうまくいかなくても、それで終わりではありません。人生は試験の連続のようなもの、はじめのハードルでつまずいたくらいで大騒ぎしてはいけません。ガンバレば、かならずお子さんは勝者になります。負けるが勝ちという諺《ことわざ》があります。こんなときに使うのは正しくないでしょうが、いま負けて先で勝つことは充分ありえます。お母さんがしっかりしなくては、お子さんがかわいそうでしょう」

先生の調子は情熱に満ちていて、お母さんを感動させた。わが子を信じて、そっと見守ってやろうと考えた。

三年して高校入試がやってきた。中学で入学したHくんは、実質、無試験で高校へ進めるが、附属高校は下から上がってくる生徒数の半分くらいを〝外部〟から募集する。附属中学以上のはげしい競争である。区立中学に通っていたOくんはもちろん受験して、みごと合格した。お母さんは、諭してくれた附属中学校の先生のところへ飛んでいってお礼を言った。

その附属高校では、生徒たちが勝手に格付けをしていた。附属小学校から中学を経て高校へ入ってきたのは、ノンキモノ、中学入試で入ってきて高校へ進んだものは、タダのヒト、高校で入ってきたのは、カミサマ。Hくんはタダのヒト、Oくんはカミサマ。先生の言った、負けるが勝ちは、ここでりっぱに実証されたわけだが、コトはそれで終わらなかった。

三年して、大学受験という段になって、Oくんは全国最難関の大学の医学部進学コースにパスしてしまった。片やHくんは、二流の私立大学を第一志望にしたが、やっと補欠でひろわれたという状態であった。Oくんの躍進、Hくんの不振のもとはと言えば、中学入試における合否である。はじめに苦しむものはあとで笑い、はじめ勝ったものは、あとで泣く。それが人間の定めなのであろうか。はじめで喜ぶのは早い。

好き嫌いのつよい上司

Fくんと Sくんは、同じ大学院の同じ専攻の学生であった。どちらもよく勉強して、まずは優秀な研究者のタマゴであった。そのころは大学の膨脹期で、大学院生は修了と同時に大学の常勤に採用される、という、あとから見ると夢のような時代であった。FくんとSくんも当然、就職についてはあまり心配していなかった。

主任教授は好き嫌いのつよい人で、ペコペコ近づいてくる学生に甘かった。Sくんは教授のお気に入りになっていたから、大学院修了とともに、東京に近い国立大学の専任講師に推薦されて、まわりを羨ましがらせた。

Fくんは、父親が哲学者だったというだけあってすこし浮き世ばなれしていた。主任教授に見放されていて、ほかの院生がみなほどほどの就職をしているのに、ひとり放っておかれた。学力からすればトップであるのに、不当である。Fくん自身どう思ったかわからないが、はたで見ていたTという助教授は義憤のようなものを感じていた。

ある日、T助教授はFくんを喫茶店へ誘った。

「ぼくも大学を出て何年もポストがなくて、出版社の嘱託をして食いつないだことがあります。ほかの連中は、みんな然《しか》るべきところにいるのですからおもしろくありません。そんなとき、大学でラテン語を教えてもらっていた哲学の先生から、卒業してすぐいい勤め先を得た人は、あとがたいていいけない、という話をききましてね」

と自分の若いころのことを語った（その哲学者自身、四十を過ぎるまで非常勤に耐えていたが、ついには京都大学の教授になった）。Fくんは、たいへん勇気づけられた、と言った。

Fくんの浪人生活は二年半に及んだが、その間、ずいぶん勉強したらしく、大学へ就職するとすぐ、つぎつぎ論文を発表した。数年して別の大学へ誘われ、さらに数年すると、旧帝大系の大学の専門コースの助教授に抜擢されてまわりをおどろかせた。

他方、好スタートのSくんはどうか。もともとテニス好きで、同じくテニスに目のない主任教授のお目にとまったというだけあって、腕前は相当なものであったが、専門の方はお留守になった。

いつまでたっても論文を書かない。とっくに教授になるべき年齢に達しているのに、業績が足りないから昇格させられない。若い同僚の昇任のじゃまになり、周囲のヒンシュクを買う存在として学外でも評判になった。はじめの好運が仇《あだ》になった。

もっとも、Fくん、これからがたのしみだと言われていたが、ある朝、居眠り運転のクルマにはねられて大怪我、やがて亡くなった。四十歳までまだ何年もある若さであった。天に情けはないものか。

上り坂下り坂

越後六郎は十六歳のとき、ひとりで東京へ出た。後の伝説によると、北陸から東京まで歩いた、という。明治中ごろのことで、すでに一部は鉄道が通っていたのに、歩いた。つまり貧しかったのである。志に燃える少年にとって、百里の道のりもさしたる苦難ではなかったのかもしれない。

東京で問屋に勤めた六郎はものすごく働いたらしい。くわしいことはわからないが、店主が自分の娘をこの手代にめあわせた、ということがすべてを物語っている。

やがて六郎は独立、出版社を興す。小学校しか行っていないのに、外国語専門の出版社である。外国語の重要性に着目していたのである。

ただ働くだけではない。新しいアイディアをもっていて、つぎつぎ、事業化して成果をおさめた。会社はいつしか堅実な出版社としての地位を固めた。

伊地知がこのQ出版社の嘱託になったのは、戦後、数年のときであった。伊地知は南九州で育ったが、その幼少のころを知る人によると、世の中がおしなべて貧しかった昭和のはじめでも、とびきり貧しくて人々の同情を受ける暮らしの中で育った。

学歴は本人も話したがらず、はっきりしたことは誰も知らないのだが、噂によると、郵便局の電信係として働き、中学校卒業資格検定試験に合格し、学費のかからない専門学校を経て、大学を出た。〝苦学〟ということばがあって、苦学生は珍しくなかったが、伊地知の貧しさは並外れていた。

就職の難しい時代で、大学を出たけれど、勤めるところがない。伊地知はいらいらして失業生活を送っていたところへ、Q社の嘱託の口を世話してもらった。Q社は待遇がよくない。ことに、嘱託では食っていかれないというので、どんどん辞める。それで伊地知に声がかかった。前任者は、待遇に不満で辞めたと言われた。

実際、ほかのところと比べれば、ずいぶん低賃金であるが、もともと貧乏には馴れている。仕事ができるだけでありがたいと、黙々と仕事をした。

Q社はこのころすでに六郎が一線を退き、二代目の増造が社長であった。この二代目、父親とは比べものにならない人物だが、人がいい。人情味もあった。伊地知の前任者はいつも二代目に批判的であったが、伊地知は二代目に好意をもち、社長の言うことはなんでもすぐ従った。

二代目もそういう嘱託をにくからず思って、折があると父親に、伊地知のことを伝えていたらしい。あるとき、六郎から呼び出されて、ひる飯をごちそうになった。Q社にはかつてなかったことらしい。

社では六郎のことを大《おお》社長と呼んでいた。伊地知を呼び出した大社長はとくべつ話すこともなくあれこれ雑談をしただけであったが、あとからすれば、一種の面接試験であったらしい。

何ヵ月かして、こんどは二代目から、息子が結婚することになった、ついてはその媒酌をしてもらえないか、と言われる。むろん、大社長の意向であり、伊地知は、面接に合格、会社の将来を支える人間に選ばれたことを意味する。ときに伊地知、三十三歳、媒酌にはいかにも軽い。そう言って断ったけれども越後家の考えは変わらなかった。

経験という教師は高くつく

結婚した三代目はQ社で働くことになった。伊地知は、それはまずい、と思ったから、父親に思い切って言ってみた。〝うちの会社〟で働くのではなにかと緊張が足りなくなる。よその飯を食ってきた方がよい、昔風のしつけだといってすすめてみたが、初代にも二代目にもその気がなかった。

逆に、増造社長は伊地知に、三代目貞郎の教育掛《がかり》になってほしいと頼んだ。伊地知は承知した。実際、貞郎はあまり伊地知の言うことをきかない。口ではいい返事をするのだが、することは反対だったりする。それでも数年は教育掛の役を果たそうと努力した。

貞郎はだんだん派手な遊びをするようになった。バーなどで社長の御曹司などとおだてられていい気になったらしい。伊地知はそういう席へ行ったことはなかったが、店の女の子に、社員はどれくらいいるかときかれる。苦労知らずの若ものにとって、小さな会社であるというのが恥ずかしい、つらいことだったようである。せめて中堅企業と言われるようであってほしい、ととんでもないことを考え始める。

あるとき、伊地知に、「もっと社員をふやして、仕事を拡大しなくてはいけないでしょう」というようなことを言う。ナニを言っているのか、と伊地知は増造社長にも、このことを話して社員をふやしてはいけないと釘をさす。社長もその場ではそうですね、などと言うくせに、いつのまにか息子にうまくまるめ込まれて、公募で社員をとり始めた。これまでは縁故中心だったが、公募となれば世間並みの給与を出さなくてはならない。これではQ社はもたない。伊地知はその後もことあるごとに、社員をふやさないように進言したが、数年するともとのほぼ倍の規模になった。

伊地知は、Q社を辞める決心を固めた。この調子でいけば、十年ほどで会社はおかしくなる。そのときいくらかでも責任のある立場にいたらたいへんなことになる。そこで辞めたのではおそすぎる、辞めれば敵前逃亡のようなものである。いままだ足もとの明るいうちに飛び出すに限ると考えた。

数人の心を許す社員には、このままではよくもって十年だと思う、気をつけてやってくれという別れのあいさつをして辞めた。それをきいた社員はみな、辞めていく人間の厭味のように受け取ったらしい。もちろん引きとめるものとていなかった。

越後六郎はすでに亡くなっていて、二代目と息子は勝手なことができる。伊地知が辞めると言いだすと、さすがにすこしはあわてたようで、いくらか本気で引きとめようとしたが、伊地知は問題にしなかった。

辞めたあと、はっきりした当てがあるわけではない。長い間、ほったらかしにしていた勉強を、本腰を入れてやることにした。勉強はひとりでできるから、よけいな気を使わなくていい。もっと早く会社勤めから足を洗えばよかった、と思うこともあった。

そして、予告の十年後、伊地知の予言は不幸にして適中、決算は大赤字となり、法人税免除はとにかく、あやうく破産になりかけて、銀行管理のようなことになってしまった。社長になっていた貞郎は降格、平取締役になった。

〃売り家と唐様《からよう》で書く三代目〃

昔の人は、うまいことを言ったものである。三代目がみんな失敗するのではない。努力しない三代目がいけないのだが、恵まれた育ち方をする三代目はとにかく苦労が不足する。人間を教えるのは人間ではない。苦労、貧困、病苦など、おそろしい経験によってのみ、人間は人間らしくなる。

イギリスの哲人、トマス・カーライルは言った。

「経験は最上の教師である。ただし、月謝が滅法高い」

蝶よ、花よと大事にされて育った人間は、多く経験というこわい先生にめぐりあわないで、不幸によってうちのめされる。

幸いなるかな不幸せなるもの。

III

一人前であるということ

つつ抜け

ある大学で苦労人の老教授が、卒業する学生にアドバイスした。

「企業で働くようになっても、別に、馬車馬のようにただ働くばかりが能ではありません。人からきいた、おもしろい話、さしさわりのある話、秘密は、胸にしまって、ほかの人に話さないようにするのです。五年もすればまわりの信望が集まり、出世できます。とくに大きな仕事をしなくても、評価されることうけ合いです……」

たいていの学生がきき流したというが、心にとめた数人の学生は、後年、先生の知恵に感服したらしい。

人の知らないことを知る喜びは大きい。ここだけの話、絶対に他言してはいけない、などと言われた話はとくべつおもしろくて、知ってしまうと、どうしても黙っていられない。この人なら大丈夫だろうと見定めた上ではなく、出会った人に、見さかいもなく、しゃべりたくなる。

人間誰しもそうであって、しゃべったからとて、とくに悪いということはない。ただこういう噂話は、広まるにつれて、ときにとんでもない尾ひれがつく。関係者に大きな迷惑になるということが、ところどころでおこっている。

マスコミも、りっぱなことをうたってはいるが、つきつめると、ゴシップ、噂話をばらまいているようなものである。人間の本能的欲望につながっているゴシップ伝播《でんぱ》である。

いまは、〝知る権利〟として容認されるまでになっている。いい加減なゴシップのタネにされては困る、というので、人に〝知られたくない権利〟が一般に知られるようになったのは比較的近年のことである。知る権利とプライバシーとは相反するもので、その兼ね合いが難しい。

秘密を守るのは健康に悪い

とっておきの話、おもしろい話を知って、口外しないでいるのは困難である。たえずそういう自制をしていると、体に変調を来《きた》すことがある。すくなくとも、「気持ちが悪い」。それを古くから〝腹ふくるるわざ〟と言ってきた。もっともよく知られているのが『徒然草《つれづれぐさ》』のことばである。「おぼしき事言はぬは腹ふくるるわざなれば」とある。実はこれが原典ではなく、その前の『大鏡』に、同じことを言った文章が見られる。おもしろいことに、この『大鏡』もまた原典ではない。もとのもとは、はるか西の方、ペルシアにあった。

国王ミダスは、耳がロバの耳であった。もちろん王はこれをひたかくしにしていたが、理髪師が仕事柄、この秘密を知る。口外すれば命のないことを知っている彼は、人気《ひとけ》のない海辺へ行き、砂を掘って穴をつくり、その中へ向かって、「王様の耳はロバの耳」と叫んだ。広がるのをおそれ、穴に砂をかけて埋め戻して帰る。

ところが、その穴のあとから草が育って、風が吹くと「王様の耳はロバの耳」という声になったという。

この話が、おそらくシルク・ロードを経てであろう、中国、韓国まで東進し、ついに日本まで達したというのである。秘密を口外しないのがいかに難しいかを、如実に物語っている。当然イギリスへも渡って、フランシス・ベイコンの『随想集』に、腹にあることを言わないでいると、生理的不快感が生じる、とのべられている。「腹ふくるるわざ」である。

ある高校教師は教頭になってしばらくすると体調を崩した。十二指腸潰瘍であった。あとで、中間管理職病だと知らされる。ヒラのとき元気だったのに、管理職になるとかかる。

ヒラのときはなにをしゃべっても問題はないが、管理職ともなれば、知っても誰にも話せないことが出てくる。ひとつだけならまだしも、そういう心のしこりがいくつもできると、ストレスになって、潰瘍になる。まさに「腹ふくるるわざ」である。多くの人が、こういう秘密をどう処理したらよいか悩み、まさか、海岸に穴を掘って叫び、その中へ閉じ込める、というわけにもいかず、打つ手がなく、とどのつまり、医師の手で腹を切ってもらうことになる。そのモンテーニュはおそらく西欧随一の賢人であると言ってよかろう。そのモンテーニュが、

「人から聞いた話をそのまま別の人に伝えるのは申しわけないような気がする。それで私は、ちょっぴり利子をつけて、次の人へ渡す」

という意味のことをのべている。やはり噂を胸に納めておくことができなかったのである。これはモンテーニュの弱さを物語るものではなく、むしろ、話を受け売りするのが、それほどまでに人間性に深く根ざしたものであることを示していると解すべきだろう。

ここだけの話、さしさわりのある話、人の名誉にかかわるような話は、きいても他言しない、ということができれば、出世はまず間違いがないのは、この章のはじめに出てくる老教授の言う通りである。

口が堅い、というようなことは、情報化社会では、かつてと比べものにならない大きなメリットをともなう。そのために健康を害するおそれもあるのだから、大げさに言えば、命がけであるが、他人のプライバシーを大切にし、ゴシップまがいの話を広めないことができれば、社会的競争におくれをとることはない。

ことばづかい

日本人はおかしい、ことばに答えないで奇妙な反応をする。日本語のすこしわかるアメリカ人が、そう言って不思議がる。

工場で実習しているアメリカ人が同僚の日本人技術者に向かって、

「〇〇はないか」

と日本語できく。きかれた方は、黙って姿を消す。どうしたんだろう、と思っていると、〇〇をもってあらわれた日本人は、

「これ」

と言って差し出す。

アメリカ人は喜ばない。どうして、ものを言わないのか。「あるか」ときい

たら、「ある」か「ない」のどちらかをまず返事しないといけない。黙ってどこかへ行ってしまうのは、きいた人間を無視することになって、けしからん。なければ、ない、でよい。取ってきてくれとまで頼んでいるのではない。アメリカ人はそんな風に考える。

日本人の気持ちはまったく違う。「あるか」ときかれたら、あるか、ないかをきかれているのではなく、それが入り用、ほしいと言っているのであると解釈する。手許になければ、探してきて渡せば、相手の要求に応えることになる。親切である。文句を言われたりするのははなはだ心外である、と考える。

アメリカ人はことばをことばで処理するコミュニケーションを考えているのに、日本人はことばを心理的に受けとめるからこうした行き違いが生じる。日本人は、

「あるか」

ときかれて、

「ないよ」

と答えるのはあまりにもそっけないから、気を利かせて、ことばには出さずに、反応するのが親切だと思っている。

ことばの上だけでやりとりするのではない。ことばを心で受けとめる。

「もういっぱいいかがです?」

とすすめられると、もうのみたくないと思っていても、せっかくすすめられるのだから、

「ええ、いただきます」

と心弱く答えてしまうのである。

「いりません」

などとは言えないから、

「けっこうです」

とあいまいなことを言う。これで断ったことになるが、意地悪く解すれば、イエスにもなりうる。現にセールスで、断るつもりで、

「けっこうです」

と言ったのを、イエスと言ったとしてからむケースがおこる。

日本語のわかるアメリカ人に日本人のガールフレンドができた。

「△△へドライブに行きませんか」

ときく。彼女は、

「すてき！　△△はすごくいいところときいています……」

などと言う。アメリカ人は、さっそく具体的な話に入る。いつなら都合がつくかなどときくが、相手は話に乗ってこない。

そのうち、彼女は行きたくないのだ、とわかる。アメリカ人はおもしろくない。行かない、行きたくないのなら、どうして、はじめにそう言わないのか。「すてき！」なんて言うから、賛成とばかり思っていると、あとでひっくり返されて、びっくりする。イエス、ノーをはっきりさせてほしい。イエスなら一貫してイエスでないといけない。途中で、ノーと豹変したりするのは誠実さが疑われる。

だが、それは日本語のことをよく知らない外国人の言うこと。日本人はそんな風には思わない。せっかく好意ですすめてくれることである。はじめから行く気などないのだが、のっけからダメなどと言えば、相手の顔をつぶすことになる、気を悪くするだろう。失礼になる。それではいけないから、ひとまず、あいさつとして、ありがとう、の気持ちでイエスと受け取られることばで応ずるのである。

　日本語の心得のある人は、このはじめのあいさつを本音と考えることはない。半分きき流す。本当のことは、話の終わりになるまでわからない。そして、最後にきても、なお、ノーをノーと言うのをためらい、はばかるのが、これまでの日本人のことばであった。

　東京の青年が、関西の実業家を訪れて、りっぱな目的のための寄附を頼んだ。いろいろ話をきいたあとで、実業家は、

「いずれ、よく考えて、お返事しましょう」

と言った。青年は喜んで帰り、しばらくして、もう、よかろうと、電話をした。

「お考えいただけましたでしょうか」

実業家が電話の向こうで笑った。

「あんた、ことばもわかってへん」

実業家はノーと言わずにノーを伝えたつもりだったのだが、野暮天には通じなかった。

「考えておく」というのは、ノーのニュアンスをもっているということが、よその人間に通じないことがあるのは是非もない。

あらわなことははしたないと感じる

日本のことばは、はじめから、本題に入ることを好まない。まず、あいさつである。手紙でも、はじめに時候のあいさつをする。はじめての手紙なら、「突然、お便りを差し上げます失礼をお許しくださいますように……」などと前置きをしてから、「さて」といって用件に入る。

心にもないあいさつなど書いているヒマがない、さっさと、本題に入るのがビジネスライクだという人がふえたが、なお、ぶっつけ本題ではすこしはしたないように感じる人がすくなくないようである。

ビジネスレターでおもしろいことがおこっている。戦後、ある企業が、文面を外側にして封筒に入れる習慣をつくった。昔から、文面は内側にして折って封筒に入れるのが当たり前だったから、人々は戸惑い、反撥した。気持ちが悪いと言う人もいた。

そのせいかどうか、文面を外側にした通信はすくなくなった。そのかわり、折らずに手紙をそのまま大型封筒に入れて送るようになり、郵便物が大型化することになった。やはり文面をムキ出しにすることに対する抵抗がつよいのであろう。

外国人のこどもに個人教授で日本語を教えている人が、月謝を受けとるときにいつもいやな思いをすると言う。たいていがムキ出しの金をもってくるそうである。

台湾系のこどもは親が心得ていて包んだり、あるいは封筒に入れてくるが、例外的だ。日本人は、現ナマをやりとりするのは客商売・ビジネスに限られると思っている。どんな親しい人でも、入院見舞いにハダカのお札《さつ》をもってはいかない。

ことばづかいが乱れている。戦後ずっとそう言われてきたが、つまり、もともと相手本位、相手を立てることを基本にしていた日本語を、アメリカ流コミュニケーションのスタイルへ変えようとし、変えそこなったところに混乱の原因がある。

いちばん大きく変化したのは敬語の感覚であろう。いま、日常で、完全に正しい敬語をつかっている人は、それこそ暁天《ぎょうてん》の星のようである。ひところほどではないが、敬語を認めない、敬語は恥ずかしい、という若い人がいる。

外国には敬語がないなどという国語の教師がいるかと思えば、「尊敬できない人に敬語をつかうのはいやです」という知的女性もいる。「ことだまのさきわう国」も変われば変わったものである。

敬語というものは、もともと学校で教えるものではなく、家庭で、生活の中で自然に身につけるものであった。戦後、核家族がふえて、年寄りがいなくなり、敬語はその温床を失ってしまった。ヨコ型構造の社会がよいのだという考えから、家庭は仲間のクラブのようになった。友だち同士では敬語の出る幕はすくない。

日本の敬語は外国並みになったが、なお、旧来の感覚をもった人たちもいて、多少の混乱がみられる。

傍若無人

若いうちは誰でもみな生意気であり、失礼であり、ときには無知である。しかし、本人は、まったく無邪気だ。自分は威張っているなどという自覚のあるのは、若ものではない。

どうして若い人が乱暴な感じを与えるのか。ほかの人のことを考えないからである。釈迦は生まれてすぐ、「天上天下《てんじょうてんげ》、唯我独尊《ゆいがどくそん》」と叫んだそうである。青年は、そんな自己主張する甲斐性はないが、ほかの人が目に入らないところは釈迦並みである。ほかの人がいるのに見えない、眼中にない。

すこし年をとり、世間の風に当たると、すこしずつまわりが見えるようになる。自分のほかにも人間がいる、ということがわかる。その人たちは多く自分よりすぐれているのではないかと悟るのは、才能のひとつである。人間的成長が、ぼんやりひとりよがりを言っている連中よりはるかに早い。

力のないのに限って自分はえらいと思い込む。まわりの人を大切にすることで自分が高まる、などということは夢にも考えないだろう。自分のまわりでもっとも弱いものに目をつけ、それと自分をひき比べて、自分はえらいという気になる。

それではいけない。昔の人がそう考えた。自己中心、思い上がって傲慢になってはいけない、というのが、大事なしつけになる。

客に命令する車内アナウンス

それをことばで示したのが敬語である。相手をしっかり見すえて、あいさつすることばが敬語のもとである。相手を大切に扱うには、直接的なことばは失礼だから婉曲《えんきょく》にする。ことばを飾る。遠まわしにそっと伝える。遠慮である。それで相手を高めたことになり、自分本位を抑えることができる。

相手に向かってとくに敬意をあらわすことばを用いないでも、自分を低めることばを使うことで相手を高めることになる。相手を賛《たた》えなくても、「浅学非才の私が……」とすれば、敬語を使っていることになる。

尊敬もしていない人間に敬語を使うのはいやだという若い人も、自分を低めることによって、とくに相手に対する敬語を使わなくても、充分、敬語の心をもつことができる。ただいやな人に敬語は使いたくないというのでは、傍若《ぼうじゃく》無人《ぶじん》になる。もっとも社会的修練の欠けた人が、傍《かたわ》らに人無きが若《ごと》くに、醜く自分中心になる。

いい年をしているのに、もらいものをした礼状に、「○○を受け取りました」などということばをつかう。「受け取る」のは、貸したものを返してもらうのなら構わないが、人の贈り物だったのなら、はなはだ不当である。「頂戴しました」「ご好意ありがたく存じました」などとていねいな言い方が必要である。

出版社の若い人が、「原稿ができたら、とりに行きます」というようなことを平気で言う。編集者ともあろうものが、こんなことばづかいをするようでは世も末である。「とりに行く」と言って差し支えないのは、いつまでも貸したものを返さない気のおけない相手ぐらいで、たいていの人にはいちじるしく穏当をかく。とくにことばにうるさくない人でも不快に思う。それを察する心がないのがつまり、傍若無人である。

相手の立場を考慮に入れたら、「お原稿、おできになりましたら、頂戴に上がります」ぐらいが言えなくては困る。かつては、「原稿」では不都合、「玉稿」でなくては失礼とされた。つまり相手に不快感を与えた。いまはことばが規制緩和されて、敬語的なところはすくなくするのが、新しいとされる。文化に退行すると言ってよいかもしれない。

ホテルのロビーで、荷物をもった客に対して、従業員が、

「お荷物、おもちしますか」

ときくが、ごく新しい日本語法に通じない人では、このことばの意味をとりかねる。二つの意味になりうるからだ。ひとつは、

「お荷物は（ご自身で）おもちになりますか」

であり、もうひとつは、

「お荷物は（私が）おもちいたしましょうか」

である。従業員は、後者のつもりで言っているのであろう。客の荷物を知らん顔して客にもたせるサービスがあろうとは思われない。しかし、実際は、前者を意味しているのかもしれない。女性従業員の場合、客といえども男性の荷物をもってやるには及ばないと思うかもしれない。

いずれにしても、自分に使うことばと客に使うことばがはっきり分かれていないからこんなことになる。「おもちしますか」というのは「おもちしましょうか」の舌足らずな表現であろう。相手がはこぶのを「おもちしますか」というのは誤用。「おもちになりますか」でないといけない。敬語以前の問題であるけれども、これが問題にされないで、どんどん広がっている。傍若無人社会ではこの類《たぐい》のことがごろごろしている。

一般に気づかれない、ことばの乱れはほかにもいろいろあるが、もっともいちじるしいのは「ください」の乱用である。

「ください」はもともと、くれ、という意味の命令形だから目上の人には使えないのである。デモクラシー社会でも、目上の人はなくならない。目上の人に向かって命令するなどということは、どこのことばだって困難であろう。それをこの五十年の日本語はやってのけた。「ください」をていねいな言い方だと思い込んで大人になる。みんなで間違えば間違いではないから、老若男女を問わず、「ください」で片付ける。

東京の営団地下鉄はどういうものか、教育的で、いろいろと教訓を与える。「ケイタイ電話は優先席近くでは電源をお切りください。ほかのところではマナーモードにして、通話はご遠慮ください」ということを、くり返す。乗っている人間は、電車の〝客〟である。〝客〟はつまらぬものでも、目上の人扱いにするのが、日本的である。地下鉄だってそう思っているに違いないが、ことばはそうなっていない。

「ください」というのは、学校の教師が生徒に向かって言うことばである、いや、あった、と言うべきかもしれない。

「〇〇までに提出してください」

は、かつては、

「〇〇までに提出せよ」

であった。さらに古くは、

「〇〇までに提出すべし」

であった。学校の権威が低下して、こういうあからさまな命令形は嫌われて「ください」調に軟化した。生徒が〝お客〟のようになって「ください」でもなお、高飛車の感じがつよいというのであろうか。

「提出しましょう」

「提出しませんか」

などとなる。学校は一般社会より案外、進んで(?)いるのかもしれない。

社会ではなお、「ください」を丁寧だと思って使っている。もちろん「ください」は、

「……してくれ」

「……しなさい」

「……し給え」

よりもポライトな言い方ではあるけれども、なお、

「……くださいますようお願いいたします」

「……賜《たま》わりますようお願いします」

などに比べるとブッキラボウで、乱暴であるのははっきりしている。

地下鉄も、いくらか、気にはなるのであろう。ケイタイの使い方についての説教をした終わりのところで、

「お客様のご理解とご協力をお願いします」

と言うのである。理解や協力にほとんど意味はない。ただ「ください」が充分にていねいでないのに気がさして、それをやわらげようとする気持ちが働いているというように見るとおもしろい。

耳ざわりな音も平気な人々

敬語が消えたり、乱れたりするのは、自分中心、身勝手、傍若無人ないまの日本人の心情を反映したものであるが、それをもっと端的に示していることがある。

なにかというと、歩き方である。

ことに女性の歩き方が、大きく変化した。かつては、男でも〝大手をふる〟というのはよい行儀ではなかったが、いまの女性は、つつましく（？）大手をふって闊歩する。さっそうとしていて好ましいけれども、音を立てることをなんとも思わなくなったのは困ったものである。

駅の長いエスカレーターを上り降りするときに、ケタタマシイ音を立てる。三十年前までは存在しなかった金属的な高音で、騒音と呼ぶこともできない音を立てる。

ある種の靴が流行してこういう音を立てる歩き方が始まったらしい。男性はそういう靴がないので女性ほど賑《にぎ》やかな音は立てられないが、シコをふむように力んで、階段を上るのがカッコいいように思うらしい。いい年をしたサラリーマンがドタドタ、ズシンズシンとやっているのを見ると、すこし、かわいく見えるから妙である。

こういう、耳ざわりなことばや音がどんどん多くなってきて、テレビも負けてはいられない。叫んだり、ほえたりする。そういう中で育つこどもが人間ばなれした奇声、大声をあげても、まわりは眉ひとつ動かさない。傍若無人にきたえられているのである。

こういう時代に、やわらかく、やさしいリズムで生きることのできる人は、おのずから存在を明らかにするようになるであろう。まわりや相手を大切にすれば、自分を高めることになるという逆説は死にかけている。

表通りから一本入った裏通りは飲み屋が軒をつらねている。仕事のあとサラリーマンが一杯やるので、どの店も不況知らずに繁昌《はんじょう》している。電柱に貼り紙がしてある。

「近所が迷惑しています。大声を出さないでください」

夕方になると仕事帰りのグループが押し寄せる。小さな店の席はあっという間に満席。あとから来たのは、先陣が引きあげるまで待つことになる。行き場がないから、路上にタムロしてしゃべって待つ。夢中で話していれば、たのしい時は流れる。やがて、「どうぞ」と言われるというわけだ。本人たちにはおもしろい待ち時間である。ところが、近くの民家はうるさくてたまらない。毎晩だから、我慢できない。とうとう、みっともない貼り紙になった。

しかし、効き目はない。貼り紙は夜目でよくわからないし、わかっても、そんなこと問題にならない。傍若無人族の天国は普通の人間にとって苦界《くがい》となる。みんなでさわげばコワくない。

ホテルの喫茶室は、中年女性に人気がある。ことに数人の仲間でコーヒーとケーキ、それにおしゃべり、が最高のレジャーになるらしい。ボソボソやっているテーブルはない。みんな大声の競争のようで、仲間の言うことさえきこえない。だからますます大声になる。ひとりでお茶をのんでいる客は五分とはいたたまれない。声が大きいという自覚がないから、注意でもしようものなら、どんなトラブルがおこるかわからない。

こういう大声族が育てたのが、高校生になると、毎日のように登校前、駅前で阿鼻叫喚《あびきょうかん》を披露する。道行く人も馴れているから、おどろかず、平気で通りすぎる。傍若無人ここにきわまる、といった感じである。

こういう自分勝手、はた迷惑を、それと自覚しない人は洗練されることが難しい。

なしのつぶて

会合の幹事は人知れぬ苦労をする。幹事も馴れない人が多くて混乱する。案内も親切でないことが多い。すこしわかりにくい会場だったら、案内図を添えるのが常識だが、この地図が不親切で、わかりにくい。

とにかく会の案内を発送する。早すぎてもいけないし、さし迫ってからでは相手の迷惑になる。結婚披露のように改まった会席への案内は一ヵ月くらい前が多い。そうでない会合では、二週間くらい前に届くようにする。かならず、出欠の返事を求めることになっていて、返事のはがきを同封するのが普通である。いついつまでに返事してほしいと明記してある。

それで幹事、世話役の仕事は一段落、あとは返事を待つだけになるが、この返事がすんなり返ってこない。案内を受けてすぐ返事をするのが（そうすべきであるのに）意外にすくない。たいていは、そのうち、と先のばしにする。

ある人は、案内されたら、すぐ出欠の返事を出す習慣だった。同僚の娘さんが結婚する披露の案内を受けたので、すぐ出席の返事を出した。あとで父親の同僚から、「あなたの返事が、いちばん早かった。ありがとう」と感謝されたそうである。出版社もときどき大きなパーティを催す。たくさんの案内を出す。この人は、いつもすぐ返事を出す。ある会に出たら、社の係から、「先生のご返事がいちばん早く来ました、いつかも一番です」と言われた。そんなことから、この人は〝礼儀正しい人〟と言われるようになったそうである。たかが返事、とは言っていられない。ときに人格にかかわる。

ところが、多くは返事がいい加減である。いずれ返事するつもりで、放っておくと、案内そのものがまぎれてどこかへ行ってしまう。とうとう返事をしないで忘れてしまう、ということになったりする。そういうことが案外多いらしい。

昔の中学校の同級会の幹事をした人が三十何名の案内を送ったが、期日までに返事をよこしたのが十六名。半分がなしのつぶてである。心配した幹事が電話すると、「出るよ」だったり「忘れていた、ごめん」だったりする。とにかく何人かの出欠をたしかめたが、電話でも返事がはっきりしないのもあったそうで、最終的になしのつぶてが、数名あった。会合の幹事などするものではないとこの人はなげいた。

東北のある大学のある学科が、学会の全国大会の開催校を引き受けて、何ヵ月も前から準備を始めた。ゴールデンウィークにかけた予定を組んで、早々と案内状を送った。

やはり、返事の戻りがよくない。この大学の幹事は親切のつもりで、宿泊の斡旋もすることにした。地方のことで、ゴールデンウィークでは適当なところが見つけられないかもしれない。会の方で世話すれば喜ばれると考えたのである。

このサービスは好評で、意外なほど多くの申し込みがあった。

会の前日になって、予約先の旅館などから問い合わせや苦情が殺到した。「待っているお客さんがあらわれない。どうしたのか。調べてほしい」といった電話である。そう言われても事務局としてはどうすることもできない。オロオロするばかりで当日になってしまった。

あちらでもこちらでも予約客にスッポかされた旅館やホテルが怒っている。しかし、主催校の世話人たちにはどうすることもできない。

学会の大会はすんだが、無断キャンセル問題はそれから何日も大騒ぎを続けなくてはならなかった。

事務局は馴れないこともあって、予約金をとっていなかった。あとで調べると、予約者に、ほかの人から誘われるまま無断でそっちへ行ったというような常識では考えられないようなのがたくさんあって、とにかく、たいへんな数のキャンセルが出てしまった。

旅館組合は代表を立てて大学に弁償をせまった。ゴールデンウィークはかき入れどきだ。大学からの予約だから信用して、部屋を確保したのに、ひとことのあいさつもなくキャンセルされて、ひどい損害を受けた。「どうしてくれる？」というのである。

旅館組合の中心人物が、たまたま大学の教授のかつての教え子であったということもあり、話し合って、旅館側も譲歩してなんとか収まったが、大学のその学科の教授たちは夏のボーナスを出し合って弁償した。スッポかした人たちは知らぬが仏、をきめこんだ。もちろん一般の人はそんなこととは露知らずであったが、やがて、広く知られる恥ずかしい事件になった。

ボーナスをはたいてあやまった先生たちのひとりが、学会誌の雑報に、この間のことをくわしく書いて公表した。会員はおどろき、仲間の不始末をなげいた。そういう非常識なことをしたのが、大学や高校の教師であるのだからあきれると同業者のことをあざけった人が多かったようだが、そういう人たちだって、なしのつぶてをやらかしているかもしれない。

いったん約束したことはよほどのことがない限り変更してはいけない。ドタキャンなどということばができたのは、直前になって取り消し、キャンセルする人間がふえた証拠で、恥ずかしいことだ。

出席できるかどうか自信がなかったら、欠席と返事する。出られるようになり、出たいからといって、欠席と返事した会へのこのこあらわれるのは一人前の人間のすることではない。

だからあまり先の会合などの出欠を問うのは主催者側の不心得である。まず大丈夫というのは十日くらい前になってはっきりする。一ヵ月も先だと、あとからどんな緊急な用事があらわれないとも限らない。

会費のある会合に出席の返事を出して出られなくなったら、欠席を知らせるとき、会費はあとで送るということを伝えるのがマナーであるが、それを知らない紳士淑女が多い。

返事をあえて出さないわけ

ある神社の神主、Kは昔の学校の同級会の幹事をしている。毎年のように同級会を開くがだんだん出席がすくなくなった。ことしも会を開くことにしてK

ほか二名が世話役として旧同級生に案内を出した。出席者はわずか五名だった。幹事のKは急用ができたと言ってあらわれなかった。怒りっぽい人が、自分で準備した会に欠席するとはなにごとか、神官ともあろうものが恥を知れ、といきまいたが、本人がいないのだから張り合いのないことだった。

しばらくすると、Kからこの怒った男のところへ、神社修復の寄附募集の案内が届いた。

縁もゆかりもない神社だが、友人から頼まれたら寄附してもいい。ふだんなら、そう思うところだが、立腹中だから、そうは考えない。自分の準備した同級会をスッポかしておいて、寄附せよ、とはなにごとか、誰が金など出すものか。

この男はいったん、怒った手紙をKに書こうと思ったが、しばらくして、気が変わった。寄附しようというのではもちろんない。寄附はしないが、しない、と通告するのがいやになったのである。手紙を書くのさえ、気が重い。

言いたいことをぐっと抑えて、知らん顔をすることにきめた。彼はなしのつぶては恥ずべきことと信じている人間だが、この際はなしのつぶてが最良の策であると考えた。書きたい気持ちを抑えて、返事をしなかった。かなり重苦しい気分に悩まされた、ようである。

世の中になしのつぶては降るようにある。どれもこれも怠け心、だらしなさ、ひとりよがりによるものであるとは限らない。いやな返事を書くにしのびなくて、心を鬼にして、返事をしない、——そういうなしのつぶても、ひょっとすると、あるかもしれない。いずれにしても、なしのつぶては、重い意味をもっていることには変わりがない。

〃なしのつぶて＝梨の礫〃は辞書によるとこうである。

〈音沙汰のないこと。音信のないこと。投げた礫（つぶて）はかえらないところから、「梨」を「無し」にかけて語呂を合わせていう。（後略）〉（『日本国語大辞典』）

快食

あるとき雑誌にのせたエッセイの中に、

「気のおけない人と食事をして、四方山《よもやま》の話に時を忘れるほどたのしいことはない……」

と書いたら、未知の読者から、

「気のおけない人というのは、ここでは誤りです。気のおける人とすべきです」

と言ってきた〝高飛車〟な調子がおもしろくなかったから、はがきを書いた。

「人を非難するのなら、辞書でたしかめるくらいはしてはいかがでしょう。自分の誤解をもとにしてほかを批判するのはこっけいです」

気のおけない、ということばは、おけないという否定語があるから、勘違いするのであろう。

ある企業の話。若い女子社員たちが、ある部長のことを〝気のおけない人〟だと陰口をきいていた。それを伝えきいた部長は、おれも案外もてるんだと、内心いい気になった。しばらくして、若い人の〝気のおけない〟は気の許せない人間だという意味で使われるのだと教わって愕然としたという。部長は正しい意味は知っていたが、若ものの誤用を知らず、結果としてはヌカ喜びをしたのである。

〝気のおけない人〟の条件

考えてみると、気のおけない人は誰にとっても、そうそうあるわけではない。ただの親密さとは違う。家族を気のおけないものと感じる人がいれば、すこしおかしい。近すぎて、かえって気兼ねがある。思ったことをポンポン言っていれば、家庭に平和はない。ごく親しい親友であっても、気のおけない人とは考えにくい。やはり近すぎるのである。空気のようになってしまっている親友は他人であることをやめることが多い。

もうすこし離れていて、あまり相手の気持ちなどを気にしなくてもよい、気楽な立場で付き合えるのが、〝気のおけない人〟である。すれすれかかわりのない他人となる——そんな知り合いが、いちばん気楽である。

そういう人でないと、純粋に自由な会話をたのしむことができない。世の中に気のおけない知り合いをもっていない人がかなりたくさんいる。気のおけない知人をもたないのは人生の損失かもしれない。なければ、つくる努力をするのは知恵のひとつであろう。

十八世紀のイギリス人が、そんな淡交の人の集まりとしてクラブをつくったのは、たいへんな英知である。日本がそのことばを借りてきて、運動部などをクラブと呼んだりしたために、クラブの精神は失われた。比較的に忠実にまねたはずのゴルフ・クラブにしても、この精神をほとんど失って、ただクラブをふるものの集会所になってしまった。

快食の極意

いまのわれわれが、遠いイギリスのクラブをあこがれてみてもしかたがない。下手にまねをすると、これまでの倶楽部のようになってしまう。しかし、気のおけない話し相手はほしい。どうすればいいのか、考えどころである。人につくってもらわなくても、自分でつくることはできる。いろいろ工夫して知らない人たちで会をこしらえた。毎月、会食して、おしゃべりをする。

そういう会で、ある製薬会社の社長が健康の三つの条件として、

快眠
快食
快便

をあげた。妥当な考え方である。ただ、この快食というのが、一般にあいまいにされている。どういうのが、快食なのか。たのしく食べるのか、食べてた

のしくなるのか、同じようで同じではない。家族団欒《だんらん》の食事は、照る日、曇る日があって、いつも快晴というわけにはいかない。なんにも感じないで食べられればよしとしなくてはならない。

外食はたのしい。家族で出かけても、うちの食事より心がはずむ。テーブルのおしゃべりもいくらか他所《よそ》行きでたのしいのである。家族そろっての外食を週に一度とか、きめておくと、家風が変化する。やはり食べないといけない。家族がバラバラに食事をするのでは家族の実《じつ》はないと思った方がよい。多少の無理をしても、一日にすくなくとも一度は、家族が顔を合わせて食事をするように努力しなくてはいけない。

寝食を共にすることによって育まれる連帯というものは、人間の根源的エネルギーである。それを欠いた家族は形骸《けいがい》である。スポーツの選手は強化合宿をする。同じ釜の飯を食ってチーム・スピリットが生じ、それによって個人の技能も向上するという経験にもとづいている。

食の精神的作用がいまは多く忘れられているのは、習俗の劣化である。運動選手の合宿よりもいまの家庭はずっと共同生活の要素が乏しくなっている。これでいいのかという反省さえほとんどおこらないのは、不思議である。

正直に言って、家族と外食するよりも、〝気のおけない人〟と、これといった用もなく会食、思ったことを自由にしゃべり合う方がたのしい。これは人間の至福のひとつではないかと思われる。

話がはずむと、目の前の料理など眼中になくなるから、もったいないようなものだが、夢中になっておしゃべりをするのはカネでは買えない快楽である。グルメというのは、そういう談笑の間でも、なお、舌の喜びを忘れない人間である。料理人にとって、グルメは味方、〝快談〟に食を忘れるようなのは敵であろう。話をたのしんだ人はあとで、なにを食べたかほとんど覚えていない。そのはずである。口に入れるときから、そもそも料理など問題にしていない。うまいのまずいのの段階ではない。ただ口を動かしているだけ、食べながら話すのだから味わうゆとりは口にはない。

快談にはぜいたくな料理は不向きであり、もったいない、不経済である。

しかし、快談、快食は、食事を共にした人が同じように、たのしく、おもしろい、というわけではない。招かれて行った会食は、招いてする食事ほどたのしくなく、愉快でないのが普通である。

そういうことに気づいたとき、ひとつの発見をしたような錯覚をもった。さっそく実行する。

用はない、会わなくてもかまわない、仕事がらみではない、あまり親しいとは言えない相手を食事に誘う。ちょっとしたきっかけがいるが、その気になれば、きっかけはいくらでもある。

"お山の大将"の器

禅のことばに、

随所に主となれ

という。これをはじめて聞いた若いころ、そんなことができるわけがない。世の中はみんな自分よりすぐれた、えらい人ばかりである。肩を並べることすら考えられない。まして、〝主〟になるなど常人のよくするところではないと考えた。

英語で、客を招いた人のことをホースト（host）という。ゲスト（guest＝客）に対して招いた側は「あるじ＝主」（ホースト）になれることをことばは示している。日本語だって、客（人）に対して主人がある。

随所に主となれ、の「主」をホーストの「主」と読み替えれば、誰しもかんたんに〝主〟となることができる。その気になれば、いつでも気のおけない人を招待することができ、そのたびに、ホーストになれば、随所に主となることなどなんでもない。普通の人間にもたやすくできる。

ただ、あまりえらい人はいけない。やかましい先輩も敬遠した方がよい。仕事がらみは論外。親しくもなく、用もない。ただ、会って浮き世ばなれした話をたのしむ。そういう相手はいるようで案外すくない。それだけに、そういう気のおけない人が見つかったら、すかさず招いて、ホーストになる。

相手がよろこんでくれれば、こんなうれしいことはない。食べるよりしゃべる方がたのしい。グルメからしたら外道《げどう》と見られるだろうが、ホーストには相手が喜んで食べてくれるのがなによりうれしい。そして、自分の言うことに相づちを打ってくれれば申し分はない。ホーストは自分の皿に手をつけることを忘れるかもしれない。

客がうまいとか、おいしいといって食べているのをきき流しながら、ホーストは存分にしゃべる。ろくに食べてはいないが、最高の快食であろうと思われる。消化もいいに違いない。

ホーストになるたのしさは、ほかの人が一目おいてくれることによるように思われる。ホーストはいつのまにか、お山の大将のようになっている。これが実にいい気分である。

昔の家庭では、家長は毎日、食事のたびにお山の大将の気分を味わうことができたであろうが、いまは時代が違う。核家族ではお山がないし、大将も存在しないのが普通である。ひとりで食事していれば、お山も大将もあったものではない。いくら美味を食べても、快食とは言いかねる。

だから、臨時の〝お山〟をこしらえて、気のおけない人を招くに限る。ごちそうすれば主（あるじ）となり、お山の大将となる。たのしい談笑をさかなにして食べるのが、快食の尤《ゆう》なるものだ。

快食は健康によいのはもちろん、元気が出る。心も軽くなる。若いうちは、ご馳走になることの方が多く、ホーストになる力に欠けることになりやすいと思われるが、いっしょに飲み食べをして、払いを引き受ければ、そのとたんにホーストになったようなものである。勘定のときにトイレへ行ってしまうような人間は、いくらえらそうなことを言っていても、お山の大将になれない。したがって快食の味を知ることなく人生を終えることになる。

ブタも木にのぼる

人はいろいろな欲望をもっている。そしてそのためにどれくらい苦しめられるかしれない。

年をとるにつれて欲は深くなるのが普通で、老人には欲のかたまりのようなのが珍しくない。欲は欲でも、物欲などは、あからさまにあらわれることがなくてすむだけに、とくにはた迷惑ということもないが、見ぐるしいのは自慢の欲望である。自慢が欲望によるものであることに気がつかない人が多いから、自慢が横行する。

実際、自慢ほどしてたのしいものはないのである。ことに気のおけない相手にいい気になって手柄話をする。成功した話をする。りっぱなことをしたことなどを話す。話しているうちに自分に酔ってしまって、見さかいがつかなくなる。話に尾ヒレがつく、潤色されておもしろくなるのである。

そうそう自慢することがあるわけがない。同じ話をくり返していると、自分でもハナにつくようになる。身寄りのもののことをほめる。年寄りは孫の自慢が好きである。

学校の教師をした人は辞めて、することがなくなると、かつて教えたことどもが、こんどの選挙に当選したというようなことを何回となく、相手かまわず吹聴する。まるで、「わしが教えたからこそああなった」、と言わんばかりである。ちょっとした企業の幹部になった人がかつての教え子だというので、たのまれもしないのに、その会社のPRまでしてしまう。

いよいよタネが切れると、持病をひけらかす。自慢しているようなものだが、本人はそうは思わない。しかし、きいている方は、自慢しているように思うから、負けずに自分の、あるいは家族の病気を自慢するような調子でしゃべる。こういう会話が老後の生活に色どりを添えるらしい。

働きざかりのサラリーマンはまさか持病を誇ったりするわけにはいかないから、とっておきの手柄話を用意している。そういう意識もなくおはこ、十八番をもっていて、折にふれて、あるいは新しい相手と見ると披露していい気持になるのである。

自慢に罪はないが、きかされる側にとって決していい気はしない。自分でするときはわれを忘れるほどたのしいが、人の自慢話をきかされて心からたのしい、おもしろいと思うのは普通ではないと言ってよいだろう。きき苦しい。おもしろくない。ときに腹の立つこともある。そういう経験を何度もしているくせに、自分のことになると、都合よくそれを忘れて自慢話に花をさかせる。どうも、人間の心というのは不思議なものである。

兼好法師にも自慢欲

ある元セールスマン、退職して読書三昧《ざんまい》の暮らしをしている。歴史ものを好み、伝記や自伝を愛読する。

その彼が言う。自伝はすぐれたものがすくないから読みだしたところで品定めをして失敗をさけるようにしている、と。

読みだして早々のところで自画自賛調が出てきたら、その本をすてる。最後まで付き合うのは時間の浪費になる。いろいろな人に接する仕事を通して、人を見る目を養ってきたのであろう。のっけから手柄話をするような人にろくな自伝は書けない、ときめている。

この人がかねて心を寄せていたAという歌人がいる。何十年来、その歌に注目してきた。先年、日本経済新聞の「私の履歴書」に登場したから喜んで読み始めた。一ヵ月連載の自叙伝風の読みもので、ほかの新聞にない呼びものである。

この元セールスマンは、その第一回目の文章で、「私がこんにちあるのは、このおかげである」という文章に出会《でくわ》して愕然とし、これはいけない、と思って読み進むと、もっとはっきりした自賛のことばが出てくる。それで、見切りをつけて、あとは見なかった。

短歌でもしようと思えば自慢の歌ができないことはないが、すこし歌歴のある人ならそんな愚は犯さない。ところが散文になると、自制の気持ちがゆるんで、つい甘くなって、のろけを書いてしまったのであろう。やはり人間としての苦労が足りない。

この元セールスマンは、『徒然草』のファンであるけれども、その終わりに近いところへ来て、〝自賛のこと七つ〟が出てくるのをひどく惜しんでいる。兼好法師ほどの大人物をもってしてもなお、自慢を抑え兼ねたのだとすれば、すこしくらいの文名のある歌人がうぬぼれるのをとがめることはできない。

自慢はいけないこと、すくなくともきく人にうとまれることだとわかったとしても、凡人のかなしさ、自主規制することなど思いもよらない。ひょっとすると、抑圧すると、ある種のストレスとなって心身に悪い影響を及ぼすおそれがある。

誰かにきいてもらわなくてはいけないとすると、相手を選ばなくてはならない。可能な相手はふた色である。

ひとつは、ごく身近の家族。うちのものなら我慢してもらえる。それで人間の評価が変わったりはしない。ただいやがられることは覚悟しなくてはならない。それに、家族相手では、自慢のしがいがない。

もうひとつは、一見《いちげん》の相手である。二度と会うこともないような人なら、安全である。旅の恥はかきすて、というが、それに近いことになる。もっとも、その人とあとで関係が深くなると、おかしなことになるおそれはある。

始末の悪いのが自慢欲である。

嫁姑問題を解決した知恵

同じほめるのだが、自分をほめるのと、人をほめるのとではまるで違う。ただ、自賛は抑えようとしてもつい、つい、してしまうのに、人をほめるのは心掛けてもなかなかできない。口先だけでほめるお世辞は本当にほめるのではないが、それでもなかなかうまくできない。

商売をする人は、そのお世辞を使って客をとらえる。客はお世辞とわかっていても、悪い気はしない。あいその悪い店のことを、「お世辞ひとつ言わない」と悪く言う。

ある家庭のお嫁さんはおしゅうとめさんとの折り合いが悪い。そんなことはすこしも珍しくない。仲のいい嫁、しゅうとめがあれば、それは異例だとしてよい。おしゅうとめさんは愛する息子を嫁にとられたように思うことが多い、ライバルである。心をかよわせることなどできるわけもない。そういうことを知らないで、自分だけが苦労するように思い込む。

このお嫁さんが、すこし変わった和尚《おしょう》にうっかり悩みのタネのおしゅうとめさんのことを話した。

和尚はいたずらっぽく、「いいことを教えましょう。お母さんと仲よくなれますよ」と笑った。そして、おしゅうとめさんのいいところを言ってみなさいと促したが、お嫁さん、いやなことばかりで、いいところなどひとつもないように思われたが、考えに考えて、やっと、思いついたことがある。なにかしてあげると、かならず、口先だけだが、「ありがとうね」と言うのである。ふだん、そう言われても、本心ではなく、むしろ、皮肉のように考えていたが、感謝のことばだと考えられる。そんなことを和尚に話す。

和尚は、そのことをたまたま寺へやってきた他家のおばあさんに話した。あの家の嫁は、おしゅうとめのことを、礼儀正しい、しっかりした人だとほめていた、ということを話した。

それをきいたおばあさんが、いわゆる〝放送局〟で、きいた話を会う人ごとにしゃべる。たちまち広がった。もちろん、おしゅうとめの耳にも入る。おしゅうとめはおどろいた。あんなにくらしい顔をしているくせに、案外、心やさしいところもあるんだわ、ちょっと誤解していたかもしれない。

おしゅうとめがほかの〝放送局〟に話すと、これまた、話に尾ヒレがついて広まる。

そうして、この嫁とおしゅうとめはすっかり打ちとけて互いにいたわり合うようになった。和尚の作戦はみごと功を奏したのである。かげでほめた形になったのがとくに効果的だったのであるが、とにかくほめるということの威力を認めなくてはならない。

勤め先の上役になんとなくうとんぜられている人がいる。仲間に同じように冷たくされている男がいて、同じ目にあっている身をなげき合っていたが、あるとき、急にその男が変節して、あからさまに、その上役におべっかを使うようになり、上役がそれで軟化した。それを横目にして、ああいう、ゴマすりだけはしたくない、と身を固くした。

そんなとき、その上役と同格の人と仕事のことで会うことになり、あれこれ話しているうちに自分の上役のことになった。少し無理はしたが、上役のことをほめた。少々下心はあったが本心である。面と向かって言う度胸はないが第三者ならさほど難しくない。

その話をきいた相手が、例の上役に、「キミは案外、部下の信用があるね、この間もキミのところのAくんが、キミのことをほめていた。ボクんところの連中に、ああいうのはいないね」と話した。

そういう話をきいた上役はおどろいて、この部下を見なおした、というからめでたい。かげでほめるのは、きわめて効果的である。ただし、なかなかできないが……。

ノーベル賞のきっかけとなったひとこと

学校の教師は、面と向かってこどもをほめてもゴマをすったことになったりする心配はない。

ノーベル賞を受賞した田中耕一氏は、こどものとき富山県の小学校で学んだ。担任は澤柿教誠《さわがききょうじょう》先生であった。あるとき、理科の時間に、先生は児童にめいめい実験をさせ、自分は机間を歩きまわった。田中少年のところへまわってきた先生に、少年は実験のことで質問した。するどいというか、おもしろい質問だった。先生がびっくりして、

「キミ、そんなことに気がついてスゴイねえ。先生でも気がつかなかったよ」

と答えた。

このひとことが田中少年の科学志望を決定したという。ノーベル賞を受けて

帰国すると、空港から、まっすぐ澤柿先生のところへ直行して感謝したという美談がある。

こういう教育実験がある。

ひとつのクラスを学力的に平均するように二分する。四十名のクラスなら、二十名のグループを二つこしらえるのである。そしてテストをする。

片方のグループのこどもをひとりひとり呼び出し、「この間のテスト、よくできていた。がんばりなさい」といったことを答案を渡さずに告げる。こどもは多少、おかしいとは思うだろうが、先生からほめられていい気分になる。もう一方のグループには採点した答案を返すだけで、なにも言わない。

同じことを、ある間隔をおいて何回かくり返す。そして、二つのグループの点数を比べてみると、ただ、できた、できたと言われてきたグループの方の平均点が、そうでないもうひとつのグループより高く、はっきり点差がつく。

こういうようにいわばでたらめにほめても、効果がある。これをピグマリオン効果と呼ぶのである。

ピグマリオンはギリシア神話の王である。この王は彫刻の名手でもあった。あるとき刻んだ女性像があまりにも美しく、王は本気でこの彫刻の女性を愛し、ついに結婚するのを熱望するまでになった。まわりがそれは叶《かな》わぬことと諌《いさ》めたがきき入れず、ひたすら結ばれることを祈念していて、とうとう願いが叶って彫像が人間となり、その女性と結婚したという。そのピグマリオンの名に因《ちな》んだのが、ピグマリオン効果である。口で言っていると、不可能なことが可能になるというところが眼目である。

山本五十六《いそろく》元帥は、すぐれた教育者でもあったと言われるが、名言をのこしている——。

シテミセテ
イツテキカセテ
サセテミテ
ホメテヤラネバ
ヒトハウゴカジ

ある老教師はこれに蛇足をつけた。

ホメテヤラネバ
ヒトハウゴカジ
ホメレバ
ブタモキニノボル

Ⅳ

ひとつの流儀

同じ釜の飯

多田嘉治郎は九歳のときに生母を失った。母は三十三歳であった。

子にとって親、ことに母親を亡くするということは、最大の悲しみ、不幸である。しかし、そういう知識のないこどもにとって、母の死はいっこうに悲しくなかった。いなくなって淋しい、という気持ちはあっても、死ということを理解するには、なにがしかの教養のようなものが必要なのであろう。九歳の嘉治郎に、その心はなかった。人がやってきて、いそがしく働いて、葬儀が出て、七日ごとの法要で多くの人が集まってくるのが、むしろたのしかったのかもしれない。

葬儀の日なのに、唐紙《からかみ》を外して大広間にした部屋の隅で、なにを思ったか、嘉治郎は習字をした。よその人が、「うまいね、この子。それにしても、いたわしい」と言うのを、快く聞いていた。

四十九日の法要がすんでも、母が死んだことを思いつめるようなことはなかった。まわりが気を使っていたのであろうが、淋しいと思うこともまれであった。

母の亡くなったのがたいへんなことであり、母がどんなにありがたい存在であったか、ということを痛切に感じるようになったのは、一年半もしてからだった。よほど嘉治郎は血のめぐりが悪く、鈍いのであろう。後々、よくそう考える。

世の中が一変したのは、後妻がでてきてからである。よその女の人を「お母ちゃん」と呼ばされるのは、たいへんな屈辱である。この女性、人の言うところによると、すこしダラシないところはあるけれども悪い人ではなかったようである。嘉治郎にとっては、しかし、ひどい人のように思われた。

別に、いじめられたわけではない。ひどく叱られたわけでもない。新しい母はむしろ遠慮していたのに違いない。それにもかかわらず新しい母は悪もの、本当の母は仏ときめてしまった。嘉治郎自身にはもちろん、なぜこんなに新しい母がうとましく、にくらしく思われるのかわからないのだが、無性に腹が立つのである。

そういう新しい母と父が仲よくしているのが許せない、不潔である、父も同じようにけしからぬように思われ出した。そして父が悪くなったのは、このひとのせいだ、この女を追い出せば、父はもと通りになるというように考えたのである。

さすがに父に直言はできない。本家の伯父に頼んで、新しい母を追い出してもらおう。そう考えて、自転車に乗るところまでは鮮やかに覚えているが、結局、伯父への直訴は思い止《とど》まった。

ある日、どういうことがキッカケか、自分でも覚えていないが、じっとしていられない気持ちになった。フッと家を出ると田と畑の広がるところへ来た。それまで来たこともないようだ、と思ったら気持ちが高ぶって、なにかつぶやきながら、どんどん歩いた。どこへ行くか、そんなことはわからない。とにかく歩いていたい。帰りたくない。どこか遠いところへ行ってしまいたい。ただひたすら歩く。

いつしか夕暮れになり小さな農道がよく見えなくなり、気がついてみると、家の近くまで来ていた。帰るとそのまま蒲団をかぶってふて寝する。家出ということばは知っていたが、あれは家出未遂であったのだと後年、嘉治郎は思うことがあった。

そんな息子に、父親は手を焼いたに違いない。うまいことを考えた。中学校の寄宿舎へ入れようというのだ。当時、県立の中学校（旧制）は十二、三校しかなかった。そのうちの二校に寄宿舎があった。通学できない遠くの生徒を収容するのが目的である。

嘉治郎の住んでいた町にも中学校はあったが、その先に、寄宿舎のある中学校があって、そこへ入ることになった。いっしょに卒業したクラスのものはみな地元の学校へ進んだから、ひとり遠くの中学へ入るのをいぶかしがる友だち、先生もいて、結構うるさかったが、嘉治郎は早く早くと、寄宿舎へ心をはせた。

生涯をきめた寄宿舎の五年間

Ｋ中学校寄宿舎は定員はいくらかわからないが、南寮五室、北寮五室に、合計、六十名くらいの生徒がいた。嘉治郎の入学した年から、新しい部屋割りが行われた。それまで一年から三年生までの混合部屋と四、五年の部屋だったのを、上級生の下級生いじめをさけるためであろう。新入生だけの部屋を二つこしらえたのである。

入学式が終わって、親たちに付き添われて寄宿舎まで来た。舎監長の父兄へのあいさつと説明があって、親たちは帰ってしまい、知らない同士のこどもが六人、十畳くらいのコルク張りという珍しい部屋に放り出された。口をきくものがいない。ことばを知らないのである。

ひとりアカ抜けた少年がいて、妙なアクセントでしゃべり出した。余語俊一である。県最北、山の中の、バスと電車で五時間かかるところから来た。あとでわかることだが、少年の父は金沢医科大学助教授、結核で倒れて早死にした。叔父に有名な作家がいた。ハイカラなわけである。

こどもはすぐうちとける。一週間もするとみな兄弟のような口のきき方になった。すると、土地の大病院の院長の息子が威張り出して、ほかのものを圧倒するようになった。山田太というふとった生徒が、院長の子、竹内喬の暴力を受けるようになる。ほかのものは、なんとか助けたいと思っても、竹内がおそろしいから、じっと見ているだけ。もどかしい思いをしたが、嘉治郎はうちにいて継母《ままはは》を憎んでいるより、まだましだ、と思った。

嘉治郎の父はこまめに手紙をよこした。嘉治郎殿という達筆の文字がおどっている手紙は、きまって、勉学専一のほど頼み候といった文句で結ばれた候文であった。候文の父のことばが実にやさしく温かみのあるもののように思われて、いくらか見直すような気持ちだった。

嘉治郎はこの寄宿舎に五年いた。そのころこどもを中学校へ入れるような家庭は白米が普通であったが、寄宿舎はホタル飯、つまり、麦主体で、白米があちこち白く見えるご飯だったが、馴れてしまえばなんでもない。友だちは、そのご飯を十碗ずつ食べるので、「十杯」という名をつけられた。空腹にまずいものなしである。

勉強ばかりしていられるものではない。細かい規則があるから、それを破るたのしみ(?)もある。禁止されていることをつぎつぎにやってのける。たいていはのんきな舎監の目をすりぬける。もっとも、いつもうまくいくとは限らない。

嘉治郎が五年生のとき、同室の下級生といっしょに焼き芋づくりを試みて見つかって、危うく退学になりかけた。嘉治郎ははじめから責任を自分ひとりでかぶる覚悟であった。それが舎監長の心を動かしたらしく、おとがめなしに終わった。

卒業式に来た嘉治郎の父に、舎監長が「お宅の息子さんはおもしろい。これまで二十年教えてきて、たのしみだと思う生徒はご子息で二人目です」と言ったらしい。父はひどく喜んで、その足で町いちばんの旅館で大ごちそうをしてくれた。

嘉治郎自身の得たものは、同じ釜の飯を食った人間をたくさんつくったことである。あの五年の体験に匹敵する教育はほかにないように嘉治郎は思うのである。人間《じんかん》到るところ青山《せいざん》あり、といまもって信じている。そのもとは、五年間の寄宿舎の生活である。

試行錯誤

学校を出たが仕事がない。あとで考えるとよくも平気でいたものだと思うが、私は、のんびり構えていた。食っていくくらいのことはなんとでもなる、とタカをくくっていた。向こう見ずの若ものは、たいていそうだろう。くよくよしたってしかたがない。

そんな風に思っていたところへ、恩師から速達が来た。『英語青年』という月刊専門誌の編集をしてほしいというのである。ちょっとした権威のある雑誌で、恩師が主幹で、その代行というか下働きの編集をせよというのである。実際の仕事はすべてひとりでこなさなければいけないらしいことは、現に編集していた先輩からきいていた。

まさかその仕事が自分に回ってくるとは夢にも思わなかった。すこし世をすねて、あえて、浮き世ばなれした中世英文学の勉強をしていた。雑誌の編集など、まったくもってとんでもない。もらった速達のはがきをもって先生のところへ飛んでいった。もちろん、断るつもりである。

いまと違って、そのころは小さな雑誌の編集は一人前の仕事のように思われていなかった。学校中退という人が多かった。ほかの仕事、教職などとかけもちで編集していた人もある。

『英語青年』編集担当が大学教師として転出すると、後をつぐ人間はおいそれと見つからない。恩師のはがきには、ぜひ引き受けるように、「余人をもって代えがたく……」という文句があった。まことにとんでもないこと、なんとしても断らなくては、と先生のところへ飛んでいったのである。

お会いしていろいろ話をきいているうちに、断れなくなってしまった。

「雑誌はどれも、ぴたりとページに納まっています。ハミ出すことはないのでしょうか」

という小学生でも笑うようなことをお訊《たず》ねすると、さすが先生も、心配になられたのかもしれない。とにかく、二年やってほしい、と期限をつけてくださった。二年くらいなら、とだいぶ気が楽になって、編集をお引き受けして帰ってきた。

校正の仕方も知らないから、先任者が当分の間付き添ってあれこれと教えてくれた。この人は名編集をうたわれた才人だから、こちらはいよいよ不安感をつよめた。

大赤字を出して

それまで考えたこともない、読者がおそろしい存在であるということを数ヵ月して思い知らされた。私の編集になったトタンに、雑誌が売れなくなり出したのである。

発行部数、一万部、返品率二割強というところで引き継いだのだが、編集が変わって三ヵ月もするともう返品率二割五分くらいになり、六ヵ月すると三割を突破、その後も売れ行きが下がる一方で、下げ止まらない。

毎月の社長、部長をまじえた編集会議がこわくなった。販売成績についてみんなから冷たい目で見られるのに耐えるのがつらい。もっと売れるようにしてくれと毎月のように言われる。

先生のところへ行って、どうしましょうか、とお伺いを立てる。「これだけ努力しているんだから、売れないのは読者が悪い」といったことばで慰められたが、心は晴れない。

もちろんいろいろ新しい工夫はした。しかし、読者はそんなものには目もくれないで、新米編集者をいじめてやろう、と考えているように思われた。

一年半くらいすると、返品率が五割近くまでになった。言われなくても赤字であることは痛いほどわかる。先生がつけてくださった年季までまだ半年あるが、いっそここで辞めた方がいいかもしれないと考えるようになった。あと半年この苦境に耐えるか、ここでひと思いに辞めてしまうか。辞めるといっても、なかなか、ふん切りがつかない。

そんな中で、どうせ辞めるにしても、このまま消えるのではいかにも不甲斐ない。ひと暴れして、反撃を試みよう。失敗してもともとである。やぶれかぶれ、読者を攻めてやろうという気持ちになった。

それまで、姿なく声なき読者をあてもなく追い続けてきたが、自分の中にだって読者はいる。自分が金を出して二、三十部買うことのできる雑誌を作ればいい、と悟ったかのようであった。

そういう、自分で買って悔いない雑誌にするには思い切った新しい企画を立てるに限る。そう思って、ちょっと、品のよくない、特集テーマを設定し、二号にまたがる特集を組んだ。

そのはじめの雑誌が出て数日すると、日ごろ威張っている営業の男が来て、編集部に今月号の残部はないか、いま、書店から何部かほしいと言ってきている、という。それではじめて成功したと思った。一万部で、ほぼ完売、表紙の破れたようなのが数十部返ってきたきりであった。次の号は一万二千部にしたが、これも完売に近い成績をあげた。

ひるの食事をしに街に出て、向こう側の歩道を経理の部長が歩いてくるな、と思っていると、わざわざ車道を横切って近づいてきて、「やりましたね」と言うのである。彼はこれまでロクにあいさつもしてくれなかった人である。なんとも言えない快感であった。

はじめから歩けるこどもはいない

辞めようというようなのがウソであったように、編集がおもしろくなる。調子に乗ってあれこれ試みるが、そういつもいつも当たるわけがない。失敗する。くやしい、情けないと思うけれども、なるべく早く忘れるように努める。そしてまた新しい工夫を試みる。やっぱりダメなことが多いが、ときには、うまくいく。その喜びはそれまで知らなかった満足感である。

二年でお払い箱になるところ、思いがけないヒットに助けられて、便々《べんべん》と十二年もこの雑誌にかかわっていた。われながらどうかと思われる。

よく試行錯誤と言う。新しいものごとをするとき、やってみて、失敗してもまたやってみる。それをくり返してすこしずつ上手になるのをそう言うのである。いちばん大切なのは、失敗をくり返す点である。いっぺんでうまくいく、というようなことはこの世の中に、そんなにあるわけがない。大なり小なり、失敗のくり返しを通じて難しいことができるようになる。

いちばんいい例は、こどもの能力であろう。人間は生まれてすぐには歩けない。はじめはハウことすらできない。まっすぐ立つこともできない。歩くというのはたいへんなことである。しかし、いずれ歩けるようになるのである。

ある日、突然、スタスタと歩きだした、という子はおそらく存在しないだろう。まず、つかまって立つ。それも一度でできるとは限らない。足をふみ出して歩くのは実に複雑な運動である。はじめから歩けるこどもがいないのは当然である。足とともに体の重心を前へ移さないといけないが、この連動も誰からも教えられない。こどもは自分で、その呼吸を発見するほかなく、そうしているのである。

やってみる。歩こうとしてみる。失敗。転ぶ。こどもはこの転ぶということをあまり苦にしないらしい。赤ん坊が丸々太っているのは、ひとつには、転んでも骨を痛めたりしないように、あまり痛くもないようにという自然の摂理だと考える人もいるようだ。

歩き始めは、実にたどたどしい。転んで起きて、また転んで起き上がり、ということをくり返す。まさに試行錯誤である。

試行錯誤のおもしろいところは、失敗は忘れる、成功したことは記憶する、という点にある。つまり、成功経験は蓄積するが、失敗経験はその都度《つど》、消滅して加重しない。それで、やがてうまくいくようになる。ほとんどのこどもが早い段階で歩けるようになるのはすばらしい。

歩行だけでなく、幼児の身につける能力はすべてこの試行錯誤によって習得されることを、われわれはともすれば忘れがちである。

ことばの習得はきわめて高度な知能の働きによると思われるが、これも試行錯誤によってほとんどすべてのこどもが、ことばを自由に使うことができるようになる。

試行錯誤は人間が新しい能力を身につけるときの必須の過程である。そのことが一般に認められていないらしいのは不思議なくらいと言ってよい。私の編集修業も、考えてみれば不完全ながら試行錯誤であったことになる。それを心得ていれば……とたわいもないことを空想する。

試行錯誤は人間の生き方の基本的ルールであるとしてよい。

潮どき

シェイクスピアの戯曲『ジュリアス・シーザー』に、

ものごとには潮どきがある。
うまくとらえれば成功する。

といった意味の有名なせりふがある。意地悪く考えれば、下手をすれば失敗する、ということになる。

実際、好機をとらえるのは、そんなに易《やさ》しいことではないから、このことばは、よほどうまくしないと、人生で成功することは難しいと解することも可能である。実際、潮どきをうまくとらえることより、機を逸することの方がずっと多い。

仕事にしても、うまく始めるのは容易ではないが、いけないとなったら、さっさと、辞めるというのも知恵である。

終身雇用が当たり前のようになってきた日本では、いったん勤めたら途中で辞めないのが常識で、中途で退職するのはいわば落伍のように見なされる。

イギリスもこの点で似ていて仕事をむやみと変えるのは、ローリング・ストーンとして白い目で見られる。「転石（ローリング・ストーン）は苔《こけ》をつけない」という諺が昔からある。商売変えをするのには金がたまらない、成功しない、というのである。

日本でもこの諺は「転石苔を生ぜず」と訳され、イギリスと同じに解釈していた。いた、というのは、戦後になって風向きが変わってきたからである。アメリカの影響であるらしい。

同じ英語圏でありながら、アメリカは、このイギリスの諺を〝読み替え〟た。優秀な人間は絶えず活動し、同じところに止まることがない。じっとしていようと思っても、ほかからスカウトされるなどして、仕事を転々と変えるから、いつも輝いている、といった、イギリスとは逆の解釈をする。安定をよしとするイギリスとは違って、アメリカは流動、変化をよしとするところから、同じ諺が正反対に解されるのがおもしろい。

もとはイギリス流だった日本が戦後、アメリカ風になって、日本でも若い人を中心にアメリカ式の考え方が広まった。転職ということをかつてほど怖れなくなった。入社して一、二年でさっさと辞めてしまう人がふえて、年輩の人は顔をしかめる。

非難されても辞める

ふり返ってみると、私自身、自分では気づかずにアメリカ風になっていたことにおどろくのである。勤めを辞めることをなんとも思わない、気に入らなくなれば、さっさと辞めるということを何度もくり返した。

はじめは大学を出てすぐ勤めた中学校である。全国的に有名な中学校（東京高等師範学校附属中学校〔旧制〕）の教師になるのは、仲間からは羨ましがられるくらいであった。もちろん張り切って赴任した。

中学校の教師がおもしろい仕事であることを、それまでに知っていたのである。

学生のアルバイトとして、ある私立中学校の非常勤講師を一年したが、終戦直後のことでほとんど英語の授業を受けなかった中学三年生を受けもって、猛烈な授業をした。生徒も懸命に勉強して、めきめき学力をつけた。後々、当時最難関の東京外国語大学英語科に現役合格する生徒が何人も出るほどだった。教師、中学教師はすばらしく、おもしろいと思っていた。

その私立中学校とは比べものにならない名門である。もちろん生徒も選び抜かれていてよくできるはずである。私立中学のアルバイト教師でさえあれほど充実感があったのだし、さぞかし、と胸をふくらませて赴任した。

これはおかしい、と思うようになるのに三ヵ月とはかからなかった。生徒がすれていていやである。教育実習生を小バカにするクセが染みついている。同僚の教師は、生徒の背後の保護者を意識しすぎる。若い教師にとって不潔な感じであった。それでいて雑用がむやみと多くて忙しい。

新一年生のある組の担任を命じられて、学校がいよいよ厭になる、うるさい父母が雑音を入れる。教えるのがつまらなくなり、自分の勉強がしたくなって、在職一年少々で退職を決心する。担任のクラスの保護者から批判的意見が出たが、辞める人間にとっては問題ではない。

そのころの附属中学校には校長がいなくて、本校の教授が兼務で〝主事〟をしていた。その主事に辞職を申し出ると、

「こういう学校を一年半で辞めたりしたら、なにか悪いことをしたのだろうと思われる。経歴に傷がつく……」

とにかく辞めて、大学の研究科でイギリスの古詩の勉強をした。あのまま、いやいや中学の教師をしていなくてよかった、と後々何度思ったかしれない。研究科を了《お》えてもまっとうなポストがなくて、『英語青年』という月刊誌のワンマン編集をやらされた。まったくのミスマッチで、散々苦労したが、なんとか続け、大学の専任になったから、辞任を申し出たが、会社が認めない。附

属中学とは違い、編集の仕事がおもしろくなっていたので、ずるずる嘱託を続けた。

しかし、四十歳になって、いつまでもこの仕事を続けていては雑誌のためにも、自分のためにもよくないと思いだした。これ以上、教師との二足のわらじをはくのはいけないように思ったのである。

辞めさせてくれと社に申し出た。理由がないと言われたが、とにかく辞めると言い張って辞めた。

辞めたあとはさっぱりするが、淋しさもある。新しいことを始めるにはもってこいのチャンスであるけれども、私にはその才覚がなくて、急にできた自由時間を陶芸のまねごとをしてつぶすぐらいしか能はなかった。

うろうろしているうちに、勤務していた東京教育大学が筑波へ移転するという問題がおこった。

もちろん移転に反対。理由はあまりはっきりしないが政治の匂いがしたのに反発した。もともと政治家が嫌いだから、教育に口を出すのは許せないと思った。反対派の同僚とは袂《たもと》を分かって、いち早く、教育大学を辞める決心をして公表、引きとってくれるところを求めた。幸い近くのお茶の水女子大学が受け入れてくれることになった。

なにもそんなに急がなくても、と言って引きとめてくれた人もいたが、どうせ辞めるのなら、早い方がいい、という考えは揺るがなかった。結局、このとき辞めてよかったのだ、とかつて引きとめた連中も認めた。

そのころ、なにかというと反対運動があったが、多くは反対派が敗れた。そういうとき、反対派は、知らん顔をしている。反対の責任をとるということがない。

そういうのを見るにつけて、これは、いけないと思った。反対したのに、それが通らず敗北したら潔《いさぎよ》く敗北を認めなくてはならない。当然、職を辞する。昔なら切腹である。いまの時代、辞職は当然である。私は移転反対をしだしたときから、もし、失敗したら辞職するつもりだった。ただ、教職をすててしまうと生きていけないから、辞表は出すが、ほかの学校へ再就職することを心に決めていた。

だから、大学の評議会が正式に、筑波への移転を決定したという知らせを受けてすぐ辞職、転出を考えた。そのケースは私がはじめてであったから、まわりは半ばあきれてなにも言わなかったのはありがたかった。ずいぶん思い切ったことをすると言う人はいたが、当たり前のことをしただけである。

『英語青年』を辞めて三年後、また編集がしたくなって、個人雑誌の『英語文学世界』を創刊した。知人が出資してくれることになった。ところが、その出資者がやめたいと言いだした。私はやめたくなかったから、この出資者とは分かれて新しい発行所を見つけて刊行を続けて十年。在宅編集で、社員が連絡に来るのだが、その様子がおかしいと気がついた。これは社内に重大な問題があるに違いない、とにらんで、編集を辞退、会社に編集を委《ゆだ》ねて退散した。

それから二ヵ月で会社は倒産したが、こちらには累は及ばなかった。執筆者への稿料なども支払ったあとで、迷惑をかけなかった。同業のある編集者から、絶妙のタイミングで辞めたと言われた。辞めてほめられたのはこのときだけである。

お茶の水女子大学へ移ってからも、なるべく目立つことを避けた。学部長にしようという陰謀を事前にキャッチし、選んだら、辞めてやるとタンカを切った。

おかげで無役で、好きなことをしてたのしんでいると、快からず思っていたのか、あいつは学校の雑務は逃げて、講演したり、原稿を書いたりしてけしからんという教師があらわれた。放っておくと、事務職員にまでしゃべって、ふれまわったりする。

しようがない。個人的に親しかった学長のところへ行って、なにか役をやらないとうるさいから、みんながいちばんやりたがらない役をさせてくださいと願い出た。

ちょうど附属幼稚園長になり手がなくて困っている。引き受けてくれれば、幼稚園も喜ぶ、と言われた。

即座に、是非、させてくださいと頼んだ。何ヵ月かして晴れて園長にしてもらった。しかし、ことはそうすんなりはこばなかった。

日本英文学会がそのころに会長選挙をした。そんなことはこちらにはかかわりのないことだが、開票の結果、私が次期会長に選ばれてしまった。園長になることが決まっているから、会長は引き受けられない。話は簡単だと思ったが、そうはいかない。幼稚園長をするから、学会の会長は受けられないというのは、学会を侮辱することになる。好意をもつ友人まで、そんなことを言うから弱った。

私は心から園長になりたいと思っていた。学会の会長は気が重い。自分にその力のないことは自分がよく知っている。別に学会を軽んじるわけではないが、断る。そして園長として及ばずながら努力する。そう決心したから、外野がなんと騒ごうと意に介さなかった。

この問題については、後々も非難されたけれども、後悔することはなかった。いまもあれでよかったと思っている。

そのほかにも、いろいろな仕事を辞めた。

任期満了でなく、その前に、ここが潮どきだと思うと、多少の未練をのこしながら飛び出した。そして、そのあと、新しいことに力を注ぐ。

私はアレルギー性疾患に苦しめられて六十年である。おもしろいことに、台風をいちはやく察知する能力が身についた。フィリピン沖、天気図に影も形もないときに台風の襲来を予知、全身倦怠、むやみと眠くなる。はじめはまわりで信用するものもなかったが、度《たび》重なる実証例を否定できずいまでは公認(?)されている。右のような不調を訴えると、「そら、また台風だ」といって笑われる。

天気図にのるようになると、どうしたわけか、不調はけろりと消える。上陸したって一向に平気である。うんと遠い台風にだけどうして反応するのか、神のみぞ知るところで、そう思うと、このカン、あだやおろそかにはできない。

人事に関しても、危険の予知をする第六感を与えられているのではないか、と本気で考えたこともある。おかげで、〝嵐〟にあわずにすんだのかもしれない。

引く潮どきを誤ったことはないように思う。いつも、いましていることをやめる用意をしていたいと考える。いつも辞表をふところにしているという勤め人のことが、そんなわけで、好きである。

いつでも辞めてやる、という覚悟さえできていれば、この世はたのしく、案外、平和である。

自由とカネ

あるとき母校の後輩が訪ねてきて田舎の話をした。母校と言ったが、彼の出たのは高校で、こちらは旧制中学の卒業生である。年もかなり離れているのに、共通のくせみたいなものがあるということがわかっておもしろかった。

そのひとつが、カネである。この後輩はいつも財布の中に〝使わない〟一万円札をもっていないと不安であると言う。手をつけることのない金をなぜもっているか、自分でも不思議な気がする、とこの人は言う。

いつかみんなとなにかしていて、予定外のカネが必要になって困ったとき、彼の万札が役に立った。それはいいが、以来あいつはカネもちだ、とされて、借金を申し込まれたりして閉口する。もちろん「決して貸しませんがね」と彼は笑った。

そう言われて、こちらも似たようなくせがあるのに思い当たった。財布にいつも月給の半分くらい現金を入れてもち歩く。決してといってよいほどそれには手をつけないが、もっていないとなぜか心配である。もし急な入り用があって困るといけないという用心である。

たくさん金をもっていたら、ムダ使いするだろう、と知らない人は言うが、そんなバカなことはない。たっぷりもっていれば自信がある。興奮して軽はずみな衝動買いなどするわけがない。もちつけないのがまとまった金をもつと、気が大きくなってつまらぬことに使う。

つまり、一種のケチなのである。これをわれわれの母校は生徒に植えつけたらしい。学校ではなく、その地方の風土であったと言った方が正しいかもしれない。学校はそれを受けて〝質実剛健〟を校訓としたのである。

剛健はともかく、質実というのは、質素、節約を基本とする。ぜいたく三昧、金を湯水のように使うのは質実の敵である。金は自力で、節約してためる。なるべく使わないで我慢する。

いくらほしいものがあっても、金を借りて買うというのは、一種の悪だと考えるから、借金を怖れ、嫌う。金を借りて浪費し返せなくなって踏み倒す、などというのは言語道断である。残念ながら、世の中、そういう手合いがウヨウヨしているらしいから、人に金を貸さない。義理があって断りにくいときも、心を鬼にしてお断りする。それで友人、知人を失うことを恥じない。そんなことで崩れる付き合いならいずれ破綻する。惜しくない。

金のかかるいとこ

中学（旧制）五年生のとき、ある日曜、父が寄宿舎へやってきて、いっしょに町へ出て食事をすることになった。六月で衣替え、夏服に着替えたときだったた。私の着ていた夏服は異様だった。三年のときに買ったのが、ボロボロになったので、学校の前の制服屋で裏から何枚も布をあてて、縦横にミシンをかけてもらった。背中のところは大きな雑巾のようであった。

質実剛健な友だちはなんとも言わなかったが、父が見てびっくり「こんなものを着ているのか」とおどろいた。父もしまり屋の方だったが、これを見て、「それほど節約しなくてもいいんだよ」とつぶやいた。新調しようという父を制し、もうあと四ヵ月たてば冬服になるのに、もったいない、と断った。

東京の学校に入って三年目、本家の伯父から親展の手紙が届いた。こんど東京の学生になった息子の行状を内偵してほしいというものだった。

そのころ私は下宿していて、毎月三十円くらい仕送りをしてもらっていた。それでも父の月給の半分くらいで、ひそかに父にすまないと思っていた。伯父の手紙によると、四月分として三百円、五月は二百五十円送ったが、足りない、と言ってよこした。すこしおかしい。それとなく、下宿へ行って様子を見てきてほしい、というのだ。

いとこの下宿へ行ってみると、十畳くらいの部屋にじゅうたんをしき、硝子《ガラス》戸のある本箱を置き、重役机をデンと置いて回転椅子におさまっている。新聞かけには、新聞が二つブラ下がっている。会社員でもこれだけの部屋に住めるようになるのには十年はかかるだろう。

「あれでは金がかかるはず」と報告した。妙な女性でもいるのかと心配していたらしい伯父は、ぜいたくしていると聞いて安心したようであった。

二百五十円も仕送りをしてもらえるいとこを、羨ましいとはこれっぽちも思わなかった。むしろ、学生の分際であんな生活をしているとは、あきれはてた奴だ、と思ったのは、こちらがもう質実剛健のかたまりになっていたからであろう。

私の方は、月三十円の仕送りを切りつめて使った。毎月、何円かはのこった。のこした。三年生になって、望みもしない奨学金をくれることになり月々、仕送りの半分くらいの金が貰えた。それで、月に二十円くらい貯金ができた。奨学金のことは父には伏せておいた。もし父に仕送りができなくなるようなことがおこったときに備える埋蔵金ということにしたのである。

大学へ進んでからは、いまでいうアルバイト、当時は内職、をした。私立中学校の講師をした。たいへん優遇してくれて専任並みの給与である。もちろん家からの仕送りはやめてもらったが、月々かなりの貯金になった。これで自立できたと思った。

蓄えが与えてくれる心の自由

学業半ば、軍隊へ入らなくてはならなくなって、銀行で預金を全払いにした。行員がていねいに頭をさげ、「地方へおいでですか。大金です。ご用心くださいますように」とあいさつした。

そのころなら家の建つくらいの金で、家に帰って父に、「これまで六年間に、節約してためた金です。ぼくにはもう用がありませんから」といって手渡したら、父はしばらくことばを発しなかった。そのころすこし家計が苦しかったのかもしれない。

学校を出て、人並みの勤めをもつようになっても赤字生活にならないよう努めた。月給では足りない分、アルバイト、いやなことのあるアルバイトでも、カネのために我慢する。そして、いつ辞めても、二年は食いつなげるだけの蓄えをつくるのを目標とし、それが達成されると、目標を五年に引き上げた。最初に勤めたところが、自分のためにならないと考え、たちまちに辞職を申し出たが、辞めても二年は浪人できる自信があった。勤めを辞めて、はじめて、自立したのだ、という自信のようなものをもった。

中年になって、教科書をつくれ、参考書を書けというすすめを受けるようになったが、それは地味な勉強を志すものにとっては道草を食うようなものである。勉強は金儲けではない。いよいよ金がなくなれば、アルバイトをしなくてはならないだろうが、勉強を流用してテキストやマニュアルを書くのは堕落である。あるイギリスの詩人が詩作では食っていけないが、教師や牧師のような仕事をしてはいけない、するなら郵便局のスタンプ押しなどの方がいいとのべているのを読んだことがある。

心にもないことをして志を危うくし、自立をゆるがせるのは賢明ではない。しかるべき経済的裏付けさえあれば、人間、誰しも、独立、独歩でいかれる。カネをバカにしてはいけない。世の中、多少の我慢をしないと、カネはたまらないようにできている。精神の自立を保証する第一はカネであるというのは決して俗物のたわごとではない。

戦後の日本人はわけもわからず、自由、自由とさわぐが、もらった自由である。自由はいかにして得られるのかをほとんど考えない。だいたい、自由をやったり、もらったりすることのできるように考えるのもおかしい。

自立しかけると、人間は自由になりたいという気持ちをつよくする。目に見えない束縛や拘束をとり除こうとするようになる。そういう気持ちは生活全般に及ぶけれども、もっとも多くの人たちが共有するのは政治的、思想的自由である。ことに外国に支配されている社会において自由を希求する気持ちは強烈である。反体制運動がおこる。しばしば暴力行動をともなう。不自由を打破するには破壊的エネルギーが必要であるから、治安が混乱するくらいのことは止むを得ない。

考えてみれば、自由が打倒しようとするのは政治的俗事だけではない。個人にとってはむしろ、欲望、困苦、人間関係など、もろもろの既存がわれわれを圧迫していると意識するところで自由を求める気持ちがおこる。

ただ、それを意識、自覚する度合いには個人差があって、そういう要因を拘束と感じない人たちにとっては、自由の必要性はないに等しい。古来、たいていの人間はこういう自由不知の中で一生を終えた。ブリスフル・イグノランス（知らぬが仏）である。

しばるものはすべて悪とし、これを攻撃しようというのは、自我のつよい少数の人たちである。政治的弾圧、支配、圧迫というような不自由に対しては、これを攻撃するのは比較的容易である。ごく大規模なものが革命となる。

不自由を不自由と思わない

個人の場合、不自由が、ふだんそれほどはっきりした形をとらないで、むしろ自分の中に自由の敵が内在しているから、それから解放されるのは、たとえば政治的反対勢力を攻撃するほど容易ではない。下手をすると、自分で自分を攻撃するようなことになりかねない。

この自己攻撃は、自由を阻むものが自分の内にあるとき、厄介な問題をひきおこす。自己否定が深まれば、ときとしては、生きる力を奪うことにさえなりかねない。

自由になるために個人が自己革命をおこすのは実際的でない。ほとんどの人は不自由に気づかず、それと思わずに自由になっているものである。その条件は、自立していることである。自立できないと、無意識に平和的に自由を獲得することは難しい。

われわれをとりまくさまざまな不自由、規制、規則、拘束をとり除かなくては自由になれないのである。それはわかっているが、問題はその方法である。へたをすると、とんでもないことになる。

ただちに自由を手に入れようとすれば、それを妨げるものを打倒、破壊しなくてはならない。闘争がおこる。集団が自由を求めて立ち上がるとき、暴動がおこるのは、不可避的になる。自由が一部で危険視されるのもここに原因がある。

個人にとっては、もっとおだやかな方法がある。自分をしばっているものと戦うのではなく、できるだけ我慢する。そうすると、やがて馴れによって、不自由を不自由と思わなくなる。つまり、不自由を〝忘れる〟ことによって、自由になりうる、というわけである。この方法はすべての人にとって可能である。ただし、重ねていうが経済的自立が条件である。

その自立を得るために、節約、貯蓄ということが美徳になる。ケチな人ほど自由になりやすい。

考える人間

戦争が終わったとき、日本の社会はあわれなものであった。人々は、食べるもの、着るもの、住むところを手に入れるために目の色を変えて、ものも言わないで働いた。

もとより教育などを考えるゆとりはない。こどもは勉強したいと思っても親にその力がないから早々と仕事につく。

小学校の友だちのひとりが、中学へ入った私に向かって、しみじみと言った。「学校へ行けて羨ましい」。彼は中学は無理だとあきらめていたが、せめて、小学校の高等科へ行かせてもらいたかった。小学六年の上に二年間の高等科があったが、これは義務教育ではなくて、わずかだが月謝が必要だった。それを払うゆとりがなかったのであろう。彼の願いはきき届けられず、奉公に出された。

数字は正確にはわからないが、戦前の小学校で中学校へ進むものは五十人くらいのクラスで二名くらい。三名なら多い方だった。中学校の上の高等学校、専門学校へ行くのは中学卒の半分くらい、さらに大学へ入るのは、その何分の一だったから、大学出は、小さな村や町には、ほとんどいなかった。お医者には大学出が多く、看板に〝学士〇〇〇〇〟と大書したものである。

そういう世の中だから、かえって向学心がさかんであったかもしれない。よく学んだ。そして知識というものをありがたいと思ったのである。

その後、世の中がすこし豊かになると、まずこどもの教育を考えた。義務教育がのびて、小中、九年間になったのに、それだけで満足せず高等学校へ進学するのが当たり前になり、田んぼの中に高等学校が建つのが珍しくなくなる。

女の子をもつ家庭は高等学校でも充分でないと思うようになり、その意を受けて短期大学が急増した。男子も、おくればせながら大学進学率が高まった。

短大、四年制大学を合わせた高等教育を受ける者の同世代比率が四〇パーセントを超えて、日本は知識社会であることをはっきりさせた。

こういう大学生が、昔の人と同じような向学心をもち勉強したかどうかはわからないが、知識をもった人間がふえたのは間違いない。というのも、学校が教えるのは知識だからである。ほかに教えるものを学校は知らぬかのようである。

知識が頭の働きを悪くする?

教育を受けた人はおしなべて知識を信じ知識を尊重し、それを外れると非常識のように考える傾向がつよい。

学校で永く学べば学ぶほど知識はふえる。中学卒では知識人とは言わないが、大学卒の多くは知識人である。知識は主として本を読むことで得られるから、収入に不相応な本を買い込む。戦後、日本へやってきたアメリカ人が、収入のすくない日本の学校の教師などが家屋がかたむくほどの個人蔵書をもっていることに目を見はり、どうしてそんなに本を買うのか、買えるのか、と不思議がった。

日本人にしてみれば、かけがえのないありがたいことを教えてくれる本である。金があればもちろん、なければ借りてでも本を買う。それが生き甲斐だったのである。本を買うのはものを買うのと違う。だから、読まない本、読めない本でも買ってもっていると心豊かになるのである。

知識の豊富な人は頭がいい、と考えられた。記憶のいいのが頭がいいのである。この世に知識ほどありがたいものはない。教育を受けた人ほどそういう考えになりやすい。

実は、たいへんなことを忘れていたのである。知識は有用である。力であり、価値をもっている。量もすくないよりは多いにこしたことはない。博学はほめことばであり、博覧強記はかけがえのない資質とされる。それにつられたわけでもあるまいが、一日に一冊ずつ本を読み上げるという努力家もあらわれて、世人の敬仰《けいぎょう》するところとなる。

知識はどんどん蓄えなくてはいけない。多ければ多いほどよろしい、などと考えているうちに、知的過多症、知的メタボリック症候群とも言うべきものに冒される人がふえたが、それに気がつかなかった。

用いるあてもない知識を、多ければ多いほどよいといって、増加させ続けていると、余剰知識がおもしろくない作用をおこすようになる。それが知的メタボリックである。知識はどんどん使う、使わない知識はさっさと忘れる、捨てなくてはいけないのである。

知的メタボリックにならないためばかりではなく、われわれはよく忘れなくてはいけない。いつまでもゴミのような思いや情報、知識を頭の中につめ込んでいれば、頭の働きが悪くなって当然である。

考えることを教える学校がない

忘れる力には個人差がある。知識の記憶力に個人差があるのと同じであるが、忘却の方は一般に評判が悪い。記憶がよければ、秀才、優等生と言われるけれども、どんどん忘れるのは頭がよくないからだとされる。忘却力の豊かな人はひどく損しているけれども、実際にもの覚えが悪く、すぐものを忘れてしまう人の中に記憶抜群な人より優秀な頭脳はいくらでもある。忘却恐怖をいだく人が多いために、自分の能力に気づかずに生涯を終えた人がどれくらいあるかわからない。悲しいことである。

記憶力優秀、知識豊富で頭のいい人もいれば、記憶力はさほどでなく、どんどんものを忘れるけれども、頭のいい人がおびただしくいるのに、一般の認めるところとならず、埋もれたまま消えていく。なんとも惜しいことと言わなくてはならない。

知識は有用であり、適当に使えば知識は「力」であるけれども、困ったことに、知識が多くなると、自分でものを考えることをしなくなる。知識があれば、わざわざ自分で考えるまでもない。知識をかりてものごとを処理、解決できる。それで知識が豊かであるほど思考力が働かない傾向になる。極端なことを言えば、知識の量に反比例して思考力は低下する、と言ってよいかもしれない。

「知識は力なり」(フランシス・ベイコン)は真であるけれども、また同時に「知識は有害なり」という命題も成立する。知識一辺倒ではいけない。知識も、自分で考えるときの役に立ってはじめて「力」になることができる。

われわれは教育不足を悩みとしてきた。学校は知識を与えるところで、存分に教育を受けられなかったものは知識の不足コンプレックスを潜在させており、知識さえ豊富なら、それでよい、それ以上のものを求める必要はないように誤解してしまう。

知識より上に、新しい知を生み出す思考があることをいわゆる知識人はとかく忘れる。たえず思考に挑戦するというのは、普通のことではない。

どこの国でも、いつの時代でも、考えることを教える学校はない。考えるのは独学である。そして、この独学の思考力を身につければ、かりに知識はすくなくても、すぐれた知性として社会に有用な人間たりうるのである。

問題を解く力より問題をつくる力

考えるとひと口に言うけれども、前段と後段の二つに分かれる。前段は、なにかについての思考である。わかりやすい例で言えば、算数の問題の答えを出そうとして、頭を働かせるときの考えである。すこし難しい本を読んで、その「意味を考える」というときの考えもそうである。はじめての仕事にとりかかりうまくはこばないとき、どうしたらすんなりいくか、いろいろ工夫する。これもこの思考に入れてよい。具体的な問題を前にして考える具体的な思考がこの前段思考である。

これはほとんどの人がしている思考、考えるという自覚なしに行っている思考であって、これをまったく経験しない人間はないであろう。

後段で言っている思考はこういう具体的思考ではない、自由思考、純粋思考で、これをしている人は限られている。一生の間、一度もこの後段思考をしたことのない人はいくらでもいる。それどころか、ほとんどの人が、本当の思考をしないまま生涯を終えると言っても言いすぎではない。

どういうのが、自由思考か、純粋思考であるかというと、いまないもの、わからないものを考えることである。

算数の応用問題の答えを求めて考えるのは、先にも言ったように、前段思考、具体思考である。それに対して算数の応用問題を〝つくる〟のは自由思考である。どういう問題をつくるかは自由である。一般に問題に答えるのより問題をつくる方がはるかに難しい。そのためもあって、問題を解く思考のみ力を入れる教育が行われている。いくら問いに答えるのに上達しても、問題をつくる力はつかない。学校で算数や数学を勉強しても、本当の思考、純粋思考とは無縁であるのが普通である。

自由、純粋思考は後段、つまり、あとでできる思考のように聞こえるかもしれないが、人間はすべて、みな自由で純粋な思考をしているのである。

乳幼児は、なにも知らない、まして考えるなどということのできるわけがない、とするのが常識であろうが、実は、きわめて活発な思考を行っているのである。

生まれてきて間もない子には、すべてのことが未知である。不可解なものばかりである。それを助けてくれる知識もない。ほとんどのことを未知として理解していくのに、たいへんな思考力を働かせなくてはならない。それを助けてくれる人もないから独力で考えを進める。この過程で、ひとりひとりのこどもの思考の力がきまってしまうように思われる。

ここで活発な思考活動をしたこどもは後々、オリジナルなことを考えることのできる人間になる可能性が高い。昔の人の言った「三つ子の魂」というものの一部は、この思考力であるとしてよいだろう。頭のいい子はここで頭がよくなる。

大きくなるにつれてこどもは知識を教えられるようになり、それにつれて、自分で考えることがすくなくなる。知識でわかればわざわざ考えることもない。それでも、こどもは、まわりに「どうして?」「なぜ?」「なに?」という問いを発する。自分で考えようとして、知識を求めているのだが、まわりの大人はたいてい、うるさがってまともにとり合わない。こどもの好奇心、思考はそれによって消されてしまうかのようである。大人になったとき、かつての旺盛だった思考力がウソであったように、考える力の乏しい人間になる。

思考力をつける毎日の習慣

学校教育は社会人としての常識とごく基本的な知的活動について教えるに止まる。社会で実際に仕事をしてみると、教わらなかったことがいくらでもある。学校の知識は役に立たない、というが、思考力が充分でなければ、いくら多くのことを学校で学んでも、実際に解決できないことが続々あらわれて、途方にくれるほかない。

学校で教えない思考力である。社会人になってから自分で自分を教え、独学によって思考力をのばす、というのはとくに難しいことはない。

手はじめは、なにごとによらず、新しいことがあらわれたら、「これ、なに?」と自問する。「どうして?」と問うこともあろう。常識になっているようなことに対しても、「ホントにそうだろうか」と問うてみる。

これらはしかし、やや具体思考である。さらに高度の自由、純粋思考の道に入るには、「なに?」「なぜ?」を問うだけではいけない。未知を考える。まったく新しいことを考え出す思考力をはぐくむ。人類の文化の進歩はそういう思考によってのみ可能である。

具体的にどうしたらものが考えられるようになるのか——。

朝、目をさましたら、すぐ起きないで、ぼんやりする。なるべく過ぎ去ったことは頭に入れない。浮き世ばなれしたことが頭に浮かんだら、それを喜び、忘れてこまるようなことだったら、メモする。毎朝十分か二十分、こういう時間をもてば、誰でも思考家になれる。考える人間になれる。夜、考えごとをするのは賢明ではない。思考は朝に限る、この朝の思考を十年続ければ、その人は人のまねでない考えをもつことができるようになる。

考える人間は朝つくられる。

あとがき

人生はプラスとマイナスの交錯であり、マイナスが先行して、マイナス、プラスの順になるのがよい人生である、というのが、この本のテーマである。もし、プラスのスタートだったらどうするのか。なんのことはない。そこでいったん、終わりにしたらよい。そうすれば、それからがマイナス先行となるのである。

それについてひとつ書き残したことがあるので、こんなところで、はなはだみっともないことながら、補足させていただきたい。ほかでもない、新生児のことである。

人間は生まれてしばらくの間のことは何も覚えていないが、たいへんな苦しみを経験しているはずである。なにも知らずに未知の世界へ飛び出してくるのである。不快なこと、苦しいことの連続で、泣いてばかりいなければならない。しかし、やがてそういう環境と折り合いをつけて、笑うことができるようになる。おどろくべき生命力である。

生まれたばかりのこどもの〝苦労〟はなまやさしいものではないマイナスのはずである。それをごく短い期間に乗り越えてプラスにしてしまう。例外なく、そうなるのはおどろくべきことのように思われる。しかも、そのことをあとかたもなく忘れてしまうことができるのもすばらしい。人間の一生はマイナスに始まりプラスに転じていくのである。

社会に出て、逆境、不幸に見舞われたら、この新生児のときの、忘れた苦難の道を考え、みずからをはげますことができる。すべてのこどもが乗り越えたマイナスである。再び三たびできないわけがない。そう考えるだけで、おのずから、勇気がわいてくる。マイナスのあとにプラスあり、そう考えれば、すこしくらいのマイナスはなんでもなくなる。マイナス思考は、実はプラス思考に通じるのである。

この本は構想を立ててからまとまるまでにかなり長い時間を要した。その間、講談社の呉清美さんからいろいろ援助を受けた。その激励がなければ、本書はおそらく陽の目を見ることはなかった。

文庫本〝あとがき〟

いまは　昔のはなし——。

地方の小さなマチのマチ外れに住んでいた少年が、母親に言った。

「ねえ、ぅちも二階を買ってョ……」

少年は、平屋に住んでいたが、二階家に住みたいと思ったのである。

おどろいた母親が、

「バカなことを言ぅもんじゃない。買えるわけがないでしょ。よけいなことは考えないで、勉強すればいいんだよ」

叱られた少年は大人の言ぅことがよくわからなかったが、ぅちは貧乏なのだ、ということを思い知らされたようである。いつしか心の傷のようになり、少年は不幸であった。

それをバネに、勉強に力を入れたせいもあって、学校の成績はよくなった。

その少年に思いもかけぬことがおこった。母親が亡くなったのである。幼くして母親を失うということがどんなに大きな不幸であるかということを、幼い少年にわかるわけがない。

じわじわと、悲哀を感じるようになり、ひねくれた考え方をするようになった。

しかし、少年は、つぶれなかった。せいいっぱい生きて力をつけるようになった。

少年と同い年のいとこがいたが、少年とは違って、恵まれた環境に育って幸せであった。少年は、羨ましいと思ったこともある。

しかし、あとになってみると、二人は逆の人生を生きていた。少年の不幸は不幸ではなかったのである。

そういうことをテーマにして以前書いたのが、『「マイナス」のプラス――反常識の人生論』（講談社）である。

この本は、その『「マイナス」のプラス』をもとにしたものである。題名を新しくして、新しいメッセージを伝えようとしたつもりである。読者の賛同が得られることを願っている。

二〇一六年八月

外山滋比古

本作品は、二〇一〇年一月に小社から刊行された『「マイナス」のプラス――反常識の人生論』を改題・一部訂正・加筆のうえ、文庫化したものです。

外山滋比古－1923年、愛知県に生まれる。評論家。専門の英文学のほか、言語論、修辞学、教育についての著作が多い。東京文理科大学英文科卒業。東京教育大学助教授、お茶の水女子大学教授、昭和女子大学教授を経て、お茶の水女子大学名誉教授。文学博士。教職のかたわら、雑誌『英語青年』『英語文学世界』を編集。著書に、『思考の整理学』『知的生活習慣』(ともに筑摩書房)、『新エディターシップ』(みすず書房)、『乱談のセレンディピティ』(扶桑社)、『「長生き」に負けない生き方』(講談社＋α文庫) ほか多数。

講談社＋α文庫 逆説《ぎゃくせつ》の生《い》き方《かた》

外山滋比古《とやましげひこ》

2016年 9 月20日第 1 刷発行

発行者――――鈴木 哲
発行所――――株式会社 講談社
東京都文京区音羽2-12-21 〒112-8001
電話 編集(03)5395-3522
販売(03)5395-4415
業務(03)5395-3615
デザイン―――鈴木成一デザイン室
カバー印刷――凸版印刷株式会社
印刷――――慶昌堂印刷株式会社
製本――――株式会社国宝社

落丁本·乱丁本は購入書店名を明記のうえ、小社業務あてにお送りください。
送料は小社負担にてお取り替えします。
なお、この本の内容についてのお問い合わせは
第一事業局企画部「＋α文庫」あてにお願いいたします。
Printed in Japan ISBN978-4-06-281693-9
定価はカバーに表示してあります。

講談社+α文庫 Ⓐ生き方

ホ・オポノポノ ライフ ほんとうの自分を取り戻し、豊かに生きる　カマイリ・ラファエロヴィッチ　平良アイリーン＝訳　ハワイに伝わる問題解決法、ホ・オポノポノの決定書。日々の悩みに具体的にアドバイス　890円 A 150-1

100歳の幸福論。 ひとりで楽しく暮らす、5つの秘訣　笹本恒子　100歳の現役写真家・笹本恒子が明かす、ひとりでも楽しい〝バラ色の人生〟のつくり方！　830円 A 151-1

＊**空海ベスト名文** 「ありのまま」に生きる　川辺秀美　名文を味わいながら、実生活で役立つ空海の教えに触れる。人生を変える、心の整え方　720円 A 152-1

出口汪の「日本の名作」が面白いほどわかる　出口汪　カリスマ現代文講師が、講義形式で日本近代文学の名作に隠された秘密を解き明かす！　680円 A 153-1

モテる男の即効フレーズ 女性心理学者が教える　塚越友子　女性と話すのが苦手な男性も、もっとモテたい男性も必読！　女心をつかむ鉄板フレーズ集　700円 A 154-1

大人のADHD 片づけられない！ 間に合わない！ をなくす本　司馬理英子　「片づけられない」「間に合わない」……大人のADHDを専門医がわかりやすく解説　580円 A 155-1

裸でも生きる 25歳女性起業家の号泣戦記　山口絵理子　途上国発ブランド「マザーハウス」を0から立ち上げた軌跡を綴ったノンフィクション　660円 A 156-1

裸でも生きる2 Keep Walking 私は歩き続ける　山口絵理子　ベストセラー続編登場！ 0から1を生み出し歩み続ける力とは？ 心を揺さぶる感動実話　660円 A 156-2

自分思考　山口絵理子　若者たちのバイブル『裸でも生きる』の著者が語る、やりたいことを見つける思考術！　660円 A 156-3

シンプルリスト ゆたかな人生が始まる　ドミニック・ローホー　笹根由恵＝訳　欧州各国、日本でも「シンプルな生き方」を提案し支持されるフランス人著者の実践法　630円 A 157-1

＊印は書き下ろし・オリジナル作品

表示価格はすべて本体価格（税別）です。本体価格は変更することがあります

講談社+α文庫 Ⓐ生き方

宝塚式「ブスの25箇条」に学ぶ「美人」養成講座
貴城けい
ネットで話題沸騰！ 宝塚にある25箇条の〝伝説の戒め〟がビジネス、就活、恋愛にも役立つ
600円 A 140-1

大人のアスペルガー症候群
加藤進昌
成人発達障害外来の第一人者が、アスペルガー症候群の基礎知識をわかりやすく解説！
650円 A 141-1

恋が叶う人、叶わない人の習慣
齋藤匡章
意中の彼にずっと愛されるために……。あなたを心の内側からキレイにするすご技満載！
657円 A 142-1

イチロー式 成功するメンタル術
児玉光雄
臨床スポーツ心理学者が解き明かす、「ブレない心」になって、成功を手に入れる秘密
571円 A 143-1

ココロの毒がスーッと消える本
奥田弘美
人間関係がこの一冊で劇的にラクになる！ 心のエネルギーを簡単にマックスにする極意!!
648円 A 144-1

こんな男に女は惚れる 大人の口説きの作法
檀 れみ
銀座の元ナンバーワンホステスがセキララに書く、女をいかに落とすか。使える知識満載！
590円 A 145-1

「出生前診断」を迷うあなたへ
子どもを選ばないことを選ぶ
大野明子
2013年春に導入された新型出生前診断。この検査が産む人にもたらすものを考える
690円 A 146-1

誰でも「引き寄せ」に成功するシンプルな法則
水谷友紀子
夢を一気に引き寄せ、思いのままの人生を展開させた著者の超・実践的人生プロデュース術
600円 A 148-1

私も運命が変わった！ 超具体的「引き寄せ」実現のコツ
水谷友紀子
引き寄せのコツがわかって毎日が魔法になる！〝引き寄せの達人〟第2弾を待望の文庫化
670円 A 148-2

質素な性格
吉行和子
簡単な道具で、楽しく掃除！ 仕事で忙しくしながらも、私の部屋がきれいな秘訣
580円 A 149-1

＊印は書き下ろし・オリジナル作品

表示価格はすべて本体価格(税別)です。本体価格は変更することがあります

講談社+α文庫 Ⓐ生き方

叶えたいことを「叶えている人」の共通点
うまくいく人はいつもシンプル！
佳川奈未
心のままに願いを実現できる！ 三年以内に本気で夢を叶えたい人だけに読んでほしい本
514円 A 132-1

運のいい人がやっている「気持ちの整理術」
佳川奈未
幸せと豊かさは心の〝余裕スペース〟にやって来る！ いいことに恵まれる人になる法則
580円 A 132-2

怒るのをやめると奇跡が起こる♪
佳川奈未
幸運のカリスマが実践している、奇跡が起こる、望むすべてを思うままに手に入れる方法
600円 A 132-3

コシノ洋装店ものがたり
小篠綾子
国際的なファッション・デザイナー、コシノ三姉妹を育てたお母ちゃんの、壮絶な一代記
648円 A 133-1

笑顔で生きる 「容貌障害」と闘った五十年
藤井輝明
「見た目」が理由の差別、人権侵害をなくし、誰もが暮らしやすい社会をめざした活動の記録
571円 A 134-1

よくわかる日本神道のすべて
山蔭基央
歴史と伝統に磨き抜かれ、私たちの生活を支えている神道について、目から鱗が落ちる本
771円 A 135-1

日本人なら知っておきたい季節の慣習と伝統
山蔭基央
日本の伝統や行事を生み出した神道の思想や仏教の常識をわかりやすく解説
733円 A 135-2

1日目から幸運が降りそそぐプリンセスハートレッスン
恒吉彩矢子
人気セラピストが伝授。幸せの法則を知ったあなたは、今日からハッピープリンセス体質に！
657円 A 137-1

家族の練習問題 喜怒哀楽を配合して共に生きる
団士郎
日々紡ぎ出されるたくさんの「家族の記憶」。読むたびに味わいが変化する「絆」の物語
648円 A 138-1

カラー・ミー・ビューティフル
佐藤泰子
色診断のバイブル。あなたの本当の美しさと魅力を引き出すベスト・カラーがわかります
552円 A 139-1

＊印は書き下ろし・オリジナル作品

表示価格はすべて本体価格(税別)です。本体価格は変更することがあります

講談社+α文庫 ©生活情報

一生太らない食べ方 脳専門医が教える8つの法則
米山公啓
専門家が教える、脳の特性を生かした合理的なやせ方。無理なダイエットとこれでサヨナラ！
571円 C 174-1

知ってるだけですぐおいしくなる！ 料理のコツ
左巻健男 稲山ますみ 編著
肉は新鮮じゃないほうがおいしい？ 身近な料理の意外な真実・トクするコツを科学で紹介！
590円 C 175-1

腰痛は「たった1つの動き」で治る！
吉田始史 高松和夫 監修
ツライ痛みにサヨナラできる、「たった1つの動き」とは？ その鍵は仙骨にあった！
552円 C 176-1

首・肩・ひざの痛みは「温めて」治す！
吉田始史 高松和夫 監修
誰でも簡単に、悩みとなっている「痛み」を軽減し、さびない体づくりを実践できる！
580円 C 176-2

理論派スタイリストが伝授 おしゃれの手抜き
大草直子
大人気スタイリストが雑誌では語れない本音を大公開。センスがなくてもおしゃれになれる！
580円 C 177-1

理論派スタイリストが伝授 大人のおしゃれ練習帖
大草直子
ワードローブの作り方や、体型の活かし方など知ればおしゃれが楽しくなるアイディアが満載！
580円 C 177-2

朝ジュースダイエット 酵素の力でやせる！
藤井香江
朝食をジュースにかえるだけで、半年で20kgの減量に成功！ やせるジュース67点を紹介
648円 C 178-1

強火をやめると、誰でも料理がうまくなる！
水島弘史
気鋭のシェフが辿り着いた、科学的調理術。たった3つのルールで、美味しく作れる！
650円 C 179-1

本当に知りたかった 美肌の教科書
山本未奈子
日本人の知らない、正しい美容法。これまでの習慣と思い込みを捨てれば、美肌は簡単！
562円 C 180-1

髙橋ミカ流 毒出しスリムマッサージ
髙橋ミカ
体の毒素を流せば、誰でも美ボディ・美肌に！ゴッドハンドが教える究極のマッサージ術
570円 C 181-1

＊印は書き下ろし・オリジナル作品

表示価格はすべて本体価格（税別）です。本体価格は変更することがあります

今日も猫背で考え中　太田　光
爆笑問題・太田光の頭の中がのぞけるエッセイ集。不器用で繊細な彼がますます好きになる！　720円 A 158-1

人生を決断できるフレームワーク思考法　ミカエル・クロゲラス＋ローマン・チャペラー＋フィリップ・アーンハート　月沢李歌子＝訳
仕事や人生の選択・悩みを「整理整頓して考える」ための実用フレームワーク集！　560円 A 159-1

習慣の力 The Power of Habit　チャールズ・デュヒッグ　渡会圭子＝訳
習慣を変えれば人生の4割が変わる！　習慣と成功の仕組みを解き明かしたベストセラー　920円 A 160-1

もし僕がいま25歳なら、こんな50のやりたいことがある。　松浦弥太郎
生き方や仕事の悩みに大きなヒントを与える。多くの人に読み継がれたロングセラー文庫化　560円 A 161-1

ドラゴン桜公式副読本　16歳の教科書
なぜ学び、なにを学ぶのか
7人の特別講義プロジェクト＆モーニング編集部・編著
75万部超のベストセラーを待望の文庫化。読めば悔しくなる勉強がしたくなる奇跡の1冊　680円 A 162-1

ドラゴン桜公式副読本　16歳の教科書2
「勉強」と「仕事」はどこでつながるのか
5人の特別講義プロジェクト＆モーニング編集部・編著
75万部突破のベストセラー、文庫化第2弾！　親子で一緒に読みたい人生を変える特別講義　680円 A 162-2

「長生き」に負けない生き方　外山滋比古
92歳で活躍し続ける『思考の整理学』の著者が、人生後半に活力を生む知的習慣を明かす！　540円 A 163-1

逆説の生き方　外山滋比古
ミリオンセラー『思考の整理学』の90代の著者による、鋭く常識を覆す初の幸福論　540円 A 163-2

野村克也人生語録　野村克也
「才能のない者の武器は考えること」――人生に、仕事に迷ったら、ノムさんに訊け！　700円 A 164-1

日本女性の底力　白江亜古
渡辺和子、三木睦子、瀬戸内寂聴……日本を支えた27人があなたに伝える、人生の歩き方　720円 A 165-1

＊印は書き下ろし・オリジナル作品

表示価格はすべて本体価格(税別)です。本体価格は変更することがあります